U0601472

古人的生活

比邻而居

辽金西夏民族生活史

宋德金 著

中華書局

图书在版编目(CIP)数据

比邻而居:辽金西夏民族生活史/宋德金著. —北京:中华书局,2025.2.—(古人的生活).—ISBN 978-7-101-16821-1

Ⅰ.D691.9

中国国家版本馆 CIP 数据核字第 2024HP2631 号

书　　名　比邻而居:辽金西夏民族生活史
著　　者　宋德金
丛 书 名　古人的生活
责任编辑　李若彬
文字编辑　刘德辉
封面设计　刘　丽
责任印制　管　斌
出版发行　中华书局
　　　　　(北京市丰台区太平桥西里 38 号　100073)
　　　　　http://www.zhbc.com.cn
　　　　　E-mail:zhbc@zhbc.com.cn
印　　刷　北京新华印刷有限公司
版　　次　2025 年 2 月第 1 版
　　　　　2025 年 2 月第 1 次印刷
规　　格　开本/710×1000 毫米　1/16
　　　　　印张 15　字数 160 千字
印　　数　1-6000 册
国际书号　ISBN 978-7-101-16821-1
定　　价　58.00 元

目录

绪言

辽代服饰的演变 _3

从文物考古看辽人服饰 _7

契丹人的发式 _17

首饰与面妆 _22

金代服饰制度 _29

女真人的发式、首饰及化妆 _37

服饰风尚的变迁 _41

党项的衣着与发式 _47

左衽述考 _55

契丹的头鱼宴与头鹅宴 _65

辽国的酒与茶 _74

风格独具鸡冠壶 _81

辽人饮食特点 _84

金人的面食 _88

金人酒事 _94

“学得南人煮茶吃”_100

金人饮食特点及影响 _106

西夏人的饮食 _110

住

契丹的穹庐、车帐与土屋 _127

五京与捺钵行宫 _132

床榻·胡床·交椅 _141

辽人居所建筑的特点 _144

“内地”金上京 _148

楼阁峥嵘金中都 _153

金人民居与火炕 _160

西夏居所与建筑 _165

行

辽国畜力马牛驼 _175
长毂广轮奚人车 _181
辽国的驿道与鹰路 _189
金国的陆路交通 _194
天下雄胜卢沟桥 _200
舟楫与漕运 _205
驿道 · 驿馆 · 游幸通道 _209
西夏人的行旅 _213

后 记 _220
参考文献 _222

绪言

辽、西夏、金分别是以契丹、党项、女真为主体民族，于10—13世纪在北部中国建立的王朝，历时达三百多年，同五代、两宋对峙，是中国封建政权从分裂走向统一及各民族大融合的重要历史阶段。

一定历史时期里，人们衣、食、住、行风俗和文化的形成，是由其所处时代的社会发展、地理环境及民族文化传统等诸多因素决定的。

契丹是我国古代北方一个古老的民族，出自鲜卑别支，与鲜卑是“异种同类”。契丹本为库莫奚一部，4世纪从库莫奚分离出来，借“朝献”“岁贡”等方式同北魏进行贸易活动，与中原王朝保持联系。隋、唐时期，契丹逐渐强大起来，并时常同唐朝发生冲突。907年，契丹首领耶律阿保机即汗位。916年，阿保机称帝，建元神册，在今内蒙古西拉木伦河流域建立契丹国，后改号大辽，又曾一度改复契丹、大辽，历史上统称辽朝。天祚帝保大五年（1125），为金所灭，凡历九帝，共存在二百一十年。辽亡后，耶律大石西迁至中亚，重建政权，史称西辽。1218年，西辽为蒙古所灭。

辽国境内，除契丹外，还有汉、奚、渤海、女真等族。辽朝疆域辽阔，“东自海，西至于流沙，北绝大漠”（《辽史·太祖本纪下》）。即东临今鄂霍茨克海、日本海，西越阿尔泰山，北达外兴安岭，南抵河北霸州、雄安一带。境内有平原、草原、沙漠、戈壁、高山等各种地形、地貌，地域偏北，纬度较高，冬季气候严寒。

女真的历史更为久远，它的先世可以上溯到先秦时期的肃慎。其后裔，两汉时称挹娄，北魏时称勿吉，隋、唐时称靺鞨，其中以粟末、黑水两部最为强大。女真是五代时由黑水靺鞨发展而来的。10—12世纪间，生女真的完颜部落联盟不断发展壮大。12世纪初，由于女真自身发展的需要和不堪契丹人的统治压迫，其首领完颜阿骨打率先揭开反辽斗争的序幕。辽天庆五年（1115），阿骨打在今黑龙江哈尔滨阿城称帝，建元收国，国号大金。金朝从1115年阿保机建国，到哀宗天兴三年（1234）被宋、蒙联合攻灭，先后历九帝，共存在一百二十年。

金国境内的民族除女真外，还有汉、契丹、奚、渤海等。金朝的疆域，北起外兴安岭，南与宋朝接界，东濒大海，西与西夏为邻，其版图约为同时期南宋的两倍。金国也有各种地形、地貌，大片的原始森林与河湖，是女真人从事渔猎的好场所；一望无际的平原，则为农耕、畜牧业的发展提供了条件。

西夏是以党项为主体民族建立的政权。大约在南北朝时期，党项人就开始在今青海省东南部黄河河曲称为析支的地方活动。唐太宗贞观年间，党项最强大的拓跋部首领率部降附唐朝。唐僖宗时，党项人拓跋思恭因参与镇压黄巢起义有功，升任定难军节度使，统领夏（治今陕西靖边）、绥（治今陕西绥德）、银（治今陕西米脂）、宥（治今内蒙古鄂托克旗）、静州（治今陕西米脂境）等地，赐姓李，进爵夏国公，为夏国得号之始。传至李继迁时，归附辽朝，被封为夏国王。宋明道元年（1032），李德明死，其子元昊嗣位，于景祐五年（1038）正式称帝，改元天授礼法延祚，国号大夏，又称白上国。在汉文古文献中，一般称西夏，又有唐古、唐兀、河西、弭药等称。自元昊起，共历十代，于1227年为蒙古所灭，历时一百九十年。如果从1032年元昊即位算起，则为一百九十六年。

西夏境内，除了党项之外，还有吐蕃、回鹘、蒙古及汉人等。西夏的疆域，东临黄河，西至玉门关（今甘肃敦煌），南接萧关（今甘肃环县），北抵大漠。包括今甘肃、宁夏大部地区及内蒙古、陕西、青海的部分地区。西夏境内，有山地、高原、河湖、沙漠等多种地形和生态，具备发展畜牧、狩猎和农业的自然条件。

契丹、女真、党项及分别由他们建立的辽、金、西夏王朝，其衣、食、住、行文化，既有近似之处，又存在许多差异。

契丹、女真、党项从广义上说，都属北方民族。辽、金、西夏地处北方，同南方相比，冬季漫长而寒冷，无霜期短，干旱少雨，农作物种类偏少，粮食产量较低，而畜牧业则很发达。这样的自然环境，无疑会对辽、金、西夏的经济发展和衣、食、住、行文化产生重大的影响。

契丹、女真、党项的饮食，最初较为简易、粗放。契丹、党项是游牧民族，他们的饮食以肉食和乳品为主，谷物食品所占比重较小。女真则是农耕兼渔猎、畜牧的民族，以粮食食品为主，兼食肉、乳。随着农业生产的发展及受汉人的影响，辽、金、西夏的粮食食品比重逐渐增加，其加工制作也渐趋精细。他们早期的谷物食品，多为炒米、炒面之类，以后则有了蒸饼（馒头）、馒头（后来的包子）、点心等面食和米饭等，特别是女真人的饮食，后来已同汉人没有多大区别。

饮茶，向来是北方民族日常生活的重要内容之一。肉、乳在北方民族饮食中占有较大比重，而蔬菜和水果的产量、品种不多，人们以饮茶助消化就显得格外重要。唐、五代以来，茶叶生产规模不断扩大，各阶层人饮茶成风，茶道大行。到了宋代，茶叶生产和加工有了进一步的发展，饮茶之风盛行，茶艺也达到了前所未有的水平，名目越来越多，有所谓点茶、分茶、斗茶等。由于生存需要和受唐、宋人饮茶之风影响，辽、金、西夏各族人饮茶蔚然成风。如金朝初年，仅有少数上层统治者饮茶，并被看成是接受汉文化的儒雅表现；及至后来，饮茶逐渐在各阶层中流行起来，以至“上下竞啜，农民犹甚，市井茶肆相属”（《金史·食货志四》）。由此不难看出金国饮茶风气的盛行。

契丹、女真、党项的传统服饰，同中原汉人有很大区别。华夏汉族服饰的最明显特点，归纳起来是：宽衣、博带，右衽。即肥大的衣服、宽大的衣带，衣襟右开。而北方民族的服饰即所谓“胡服”则大多是：窄袖，左衽，束带，着靴。这种“胡服”风俗的形成，是与北方天气冷、多风沙及他们的骑射活动联系在一起的。北方民族的发式，大都将其头发剃去一部分，即所谓的“髡发”“剃发”。契丹人的典型装束，为圆领窄袖长袍，左衽，腰系带，足穿靴，髡发。女真人标志性的装束，是由巾（幞头）、盘领衣、带、乌皮靴组成，衣服左衽；发式为辫发。党项人的典型着装，则是毡帽，窄袖衫，皮靴。党项服饰与诸多北方民族稍异者，为右衽。这可能是因其开国皇帝元昊在称帝之初，就宣布“制小蕃文字，改大汉衣冠”（《宋史·外国列传一·夏国传上》），因此服饰为右衽。党项人的发式为秃发。辽、金、西夏的官服，在不同程度上都受到中原王朝的影响。契丹、女真、党项的服饰发式，都各自逐渐趋于汉化；同时，他们的服饰，也对境内汉人及两宋产生了某些影响。

契丹、女真、党项的住所也有异同。契丹、党项原本都是游牧民族，车马为家，居无定所，车帐、穹庐、毡帐就是他们的住所。随着农业的出现和发展，或者从原住地迁往内地，他们开始定居，有了草房、板屋、砖瓦结构的建筑。女真则较早就从事农业生产，有固定的住所，屋中以火炕取暖。直到现代的东北农村，依然如此。此外，辽、金都设五京，其建筑多仿中原都城制度。

辽、金、西夏的行旅，由于北方盛产马、牛、驴、骡、骆驼等大牲畜，它们成为陆路交通的主要承担者。西夏的“浑脱”，则是最具民族和地方特色的水上交通工具。

纵观辽、金、西夏的衣、食、住、行诸方面，契丹、女真、党项既在不同程度上保留了本民族的传统，又吸收、借鉴了汉人及其他民族的风尚和文化。同时，契丹、女真、党项的衣、食、住、行文化，对汉人及其他族人也产生了一定影响。辽、金、西夏各族人民为创造物质文化和精神文化，缔造中华文明做出了重要贡献。

衣 YI

甘肃敦煌莫高窟第409窟中的西夏王妃供养像

辽代服饰的演变

辽张文藻墓壁画中的契丹门吏（《宣化辽墓壁画》，文物出版社2001年版）

契丹早期的生产方式以狩猎、游牧为主，衣服原料来源于野兽和牲畜皮毛。到太祖阿保机的伯父述澜时，契丹人开始修筑城池，种植桑麻，并且有了原始的纺织业。及至占领燕云十六州以后，契丹人把那里大批的绫罗绸缎运往本土，并且参照中原制度，制定了辽朝的衣冠制度。就朝野分，有官服和民服之别；就民族分，有国服和汉服之别。国服指契丹服饰，汉服指汉人服饰。国服，包括祭服、朝服、公服、常服、田猎服、吊服等。汉服，也有祭服、朝服、公服、常服等。

契丹人发式、服饰的主要特征，是髡发、窄袖、短衣或长袍、左衽、长鞠靴（即长筒靴）、佩蹀躞（金属佩饰件）等。这些特点都是同契丹人的生活环境相联系的。如髡发，据《后汉书·乌桓鲜卑列传》说，乌桓、鲜卑"以髡头为轻便"。包括乌桓、鲜卑、契丹在内的北方民族髡发的一个主要原因，都是便于骑射、游猎生活。沈括《梦溪笔谈》卷一说：窄袖利于骑射，短衣、长鞠靴便于在草地上行走。而蹀躞是用来挂弓箭、磨刀石之类的。左衽，衣襟向左，与汉族右衽相反，是许多北方民族服饰（即所谓"胡服"）的共同特点。

随着辽代社会的发展、生产力的提高、物质财富的增加及同中原联系的紧密，辽人特别是契丹皇亲国戚、贵族的服饰出现渐趋奢华的趋势。比如，北宋上层贵胄流行用金箔、金丝等装饰服装、器物，辽朝中期以后，也出现了这种时尚。朝廷曾多次发布诏令，禁止服饰使用缕金、贴金等，反映了契丹上层服饰的奢华趋势，以至要用行政手段予以限制。

由于辽国境内各民族之间及辽同邻国的经济文化交流，包括服饰在内的社会风尚，也不可避免地出现互相学习、借鉴的现象。路振的《乘轺录》中说，他出使辽国途中，在燕京（今北京）看到当地人大多穿"汉服"，唯有一些契丹、渤海妇女仍着"胡服"，反映了辽人服饰在一定程度上的汉化。与此同时，辽国汉人的服饰也有变化，宋人苏辙出使契丹，在《燕山》诗中写道："哀哉汉唐余，左衽今已半。"《出山》诗云："汉人何年被流徙，衣服渐变存语言。"（《栾城集》卷十六）则说明燕京一带的汉人衣装，已经部分"契丹化"了。契丹服饰的影响所及，不仅限于境内的汉人，一些归顺北宋

辽金银蹀躞带（陈国公主墓出土）

辽散乐图（《宣化辽墓壁画》，文物出版社 2001年版）

的辽人及流落在辽国而又重归宋朝者，有的因为长期穿惯了北国衣装，往往不改旧俗，仍穿“胡服”。这一事实充分体现了各族人民在服饰文化上的交流与融合，本是一种十分正常的现象，不必像苏辙那样为此事而叹惜。

从文物考古看辽人服饰

由于历史文献中的记载有限，无法据以对辽代服饰有比较清楚的了解，然而辽代文物考古资料相当丰富，不仅可以用来印证文献记载，而且可以使我们对辽代服饰有更形象的认识。

一　服装面料及印染工艺

大量考古资料表明，契丹王公贵族男女的服装面料已十分讲究，其工艺达到了很高的水平。

1974年，在辽宁法库叶茂台辽墓中就出土有珍贵的蚕丝织品实物材料，包括绢、罗、绮、锦、刻丝等品种织物。所谓刻丝即缂丝，是我国特有的一种手工艺丝织物，盛行于宋代。据宋庄绰《鸡肋编》卷上说："定州织刻丝，不用大机，以熟色丝经于木棦上，随所欲作花草禽兽状。以小梭织纬时，先留其处，方以杂色线缀于经纬之上，合以成文，若不相连。承空视之，如雕镂之象，故名刻丝。"大意说：织造时，以细蚕丝为经，先架好经线，按照底稿在上面描出图画或文字的

辽“出行图”中人物的衣着（《宣化辽墓壁画》，文物出版社2001年版）

轮廓，然后对照底稿的色彩，用小梭子引着各种颜色的纬线，在图案花纹需要处与经线交织，故纬线不贯穿全幅，而经线则纵贯织品。织成后，当空照视，其花纹图案犹如雕镂而成，故名刻丝。

在内蒙古翁牛特旗解放营子辽墓发现的一批织锦、绫、罗、刺绣中，有用“夹缬”和“腊缬”法印染的各种花纹。“夹缬”和“腊缬”是两种高水平的丝织印染工艺。夹缬，是我国古代印花染色的方法，始于秦、汉，唐以后广为流行。用两块木板雕刻同样花纹，将绢布对折夹入二板中，然后在雕空处染色，成为对称的染色花纹，后来发展为用镂花油纸版涂色刷印。“腊缬”是用腊涂成花纹，染后去掉，在织物上留下花纹。腊缬如今在一些地区仍有流行，俗称腊染。

二　冠、冕、幅巾、幞头与靴

冠是帽子的总称，又特指古代官吏所戴的礼帽。冕、冠冕、冕冠，是古代天子、诸侯、卿、大夫等行朝仪、祭礼时所戴的礼帽。辽朝承袭了中原王朝的制度。据《辽史·仪卫志二》载，契丹皇帝上朝时身着衮冕、红袍和长靴，称作国服衮冕。大臣头戴毡冠或纱冠，这是依季节而定的。契丹皇帝在参加祭典时穿祭服，戴所谓金文金冠。

幅巾和幞头。古代男子用全幅的绢或布等包头的软巾，称幅巾。而在后面裁出角的，称幞头。幞头一般有四个带，故又称“四角”。其中，两个系在脑后垂下，两个带反系头上，又称“折上巾”。幅巾在汉代文献里已有记载。幞头则在北朝、隋以后逐渐流行。辽朝皇帝、大臣在朝仪和祭典以外的场合，多着幅巾或幞头。如公服、田猎服，都用幅巾。

在辽墓中发现有多件契丹上层男女戴的鎏金银冠及纱冠、毡冠、幞头等实物，印证和充实了文献的记载。

鎏金银冠。辽宁建平张家营子出土的二龙戏珠鎏银冠，周边印有如意云纹，冠面花纹凸起，中心为一个大火焰珠，两侧有二龙相对，翘尾昂首，张口扬鬣（头、颈上的长毛），形象生动。辽宁朝阳前窗户村辽墓，也出土有与前者形制相近的鎏金银冠，冠面正中悬一火焰珠，两侧双凤相对，昂首展翅，长尾，中间有云气浮动。内蒙古奈曼旗陈国公主墓出土的两件鎏金银冠更为精致：一件是男性冠，由十六片鎏金银片重叠组合而成，冠正面饰有对凤，围绕冠正面对凤的上

辽高翅鎏金银冠
（公主用品，陈国公主墓出土）

辽金花银靴
（公主用品，陈国公主墓出土）

辽鎏金银冠
（驸马用品，陈国公主墓出土）

辽金花银靴
（驸马用品，陈国公主墓出土）

下左右缀有鎏金银圆形冠饰，各饰件上刻有凤、鸟、鹦鹉、鸿雁、火焰、花卉等纹样；另一件为女性冠，此冠先用薄银片锤成各部位的形状，然后组合加固。冠正面镂空并刻有花纹。正中刻有火焰宝珠，两侧有昂首翘尾的金凤。冠顶缀有鎏金元始天尊银造像。

纱冠、毡冠、幞头。在内蒙古翁牛特旗解放营子辽墓壁画、库伦辽墓壁画中，分别有纱冠、毡冠、幞头等，同文献记载大致相同。如库伦辽代壁画墓一号墓壁画中，男侍者头戴黑色小帽，帽有带垂脑后，类似幞头。侍女也戴黑色圆顶小帽，帽有黑带垂左肩下，帽缘扎蓝色巾带，做成小结垂于脑后。

靴。靴是北方民族的一种普遍着装。五代马缟《中华古今注》卷上“靴笏”:“靴者，盖古西胡服也。昔赵武灵王好胡服，常服之。其制，短靿黄皮，闲居之服。”契丹人的靴，有短靿和靿靴之分，一般由皮革或毡制成。陈国公主墓随葬品中，有公主和驸马的银靴，都是短靴，分底、面、靿三部分，由银丝连缀而成。这里的银靴乃冥器（亦作明器，殉葬品），是仿实物做成的，它们的形制应大体相同。陈国公主墓壁画中的侍卫，则着靿靴；库伦辽代壁画墓壁画中的驭者，也穿靿靴。由此可见，长靿靴适于野外牧放、狩猎活动，短靿靴用于室内，所谓“闲居之服”。此外，在敖汉旗北三家辽墓壁画中，有的人物穿的靴子和裤子是相连的，还有的人物穿的是草鞋。

三　衣袍和裤裙

契丹男服。以圆领、窄袖、左衽、长袍居多，也有直领、对衽（对襟）、短衣。如，翁牛特旗解放营子辽墓壁画宴饮图上，桌旁站立一人，身穿圆领、窄袖、左衽、黄色长袍，腰系红带。敖汉旗北三家辽墓甬道西壁耳室壁画中，有一男侍穿红色内衣，淡绿色长袍，腰系白色带。而东耳室壁画中的人物，则穿短上衣和裤。有的上着绿衣下着白裤，有的上着红衣下着淡绿色裤。克什克腾旗二八地辽墓石棺画中，有一契丹放牧人身穿开襟（对襟）短皮衣。库伦辽墓壁画中，反映出的契丹服饰尤为丰富。如，库伦一号墓天井南壁第一层壁画中，一人颈间露白色内衣与绿色中单（内衣）领角，均为左衽，外着圆领窄袖赭黄色长袍。一号墓墓道北壁“出行图”中所绘主人与随从，有人着黄色中单，外着绿袍；有人着蓝色中单，红色圆领窄袖长袍；还有人着土红色袍，或黄袍、红袍。

契丹男服，从我们所能见到的壁画中看，以圆领、窄袖、左衽、长袍为主，也有着直领、对衽、短衣；颜色有红、黄、土黄、绿等；长袍里有内衣；腰间系有腰带。

契丹女服。契丹女服多直领（立领），左衽，长袍，称“团衫”。库伦辽代壁画墓一号墓墓道北壁画中的女主人着浅绿色长衫，另一女子着绿色长衫，系浅红色腰带。天井北壁一侍女，着直领窄袖赭黄色长衫，也有绿长衫、红长衫者。契丹女子下衣通常为裙与裤。解放营子辽墓壁画侍女图中，有一侍女着直领窄袖蓝长衫，腰系红带，腰以下为绛地裙。另一侍女着黄衫，米黄色中单，灰蓝地裙。法库叶茂台辽墓

库伦辽代壁画墓二号墓壁画（局部）

石棺内老年妇女下衣除着裙裳外，还有套裤（即有两个裤腿，上系带子悬绑在腰带上）。

四　佩饰

契丹衣着还有某些佩饰，具有装饰和实用意义。如，蹀躞带，是挂弓箭、磨刀石之类用的。陈国公主墓的随葬物中，有多种形制的金、银、铜蹀躞带，而日常生活中的蹀躞带应是用皮带。扞腰，是一种皮质的套筒，骑射时着装，以防腰部扭伤。传世的耶律倍《射骑图》中，有一髡发猎人站在马旁，左臂挂弓，右手执箭，在长袍外腰部就套有扞腰。

辽龙、凤、鱼形玉佩（陈国公主墓出土）

辽胡人驯狮琥珀佩件（陈国公主墓出土）

辽螺形玉配件（陈国公主墓出土）

辽八曲连弧形金盒（陈国公主墓出土）

契丹人的发式

契丹人无论男女老幼，都要剃去部分头发，即所谓髡发。

关于契丹髡发，在一些文献中留下了相关的记载。如沈括《熙宁使契丹图抄》中说："其人剪发，妥其两髦。"就是说，契丹人剃去部分头发，使两鬓下垂。宋人苏颂《和晨发柳河馆憩长源邮舍》诗自注说：辽国多掠燕、蓟（今北京、天津、河北北部）之人，同契丹人杂居，"皆削顶垂发，以从其俗"（《苏魏公文集》卷十三）。即剃去头顶毛发，使其余头发下垂。《契丹国志·兵马制度》载：有渤海首领大舍利高模翰兵，有步兵、骑兵万余人，一律"髡发左衽，窃为契丹之饰"，是说剃去部分头发及穿左衽衣服，为契丹人的典型发式和衣着。

至于契丹人的髡发到底剃成什么样，根据文献记载，还说不清楚。然而，从一些传世辽代绘画及辽墓壁画，如耶律倍《射骑图》、胡瓌《卓歇图》及庆陵、库伦辽墓、解放营子、克什克腾旗二八地辽墓、敖汉旗北三家辽墓壁画等，可以清楚地了解契丹男子的髡发样式。归纳起来，大致有如下几种形式：

辽张匡正墓壁画中的儿童跳绳图（《宣化辽墓壁画》，文物出版社2001年版）

1. 剃去颅顶头发，保留其余部分，即苏颂所谓“削顶垂发”。

2. 额两侧各留一绺不相连的长发，即沈括所说“妥其两髦”。

3. 额前正中留一条状短发，与额两侧所留的两绺长发相连或不相连，剪去其他部分头发。

4. 额两侧各留一绺长发，脑后留一绺头发，剪去其余部分。

考古工作者还在内蒙古赤峰的辽代墓葬中，发现一契丹男尸头颅上保存有较为完好的髡发。其发式：耳上额两侧留有长发，拢至脑后，分成三股结一长辫。自额两侧留长发处至枕骨，留有短发。

在传世绘画和壁画中，没有发现契丹女子髡发形象，而从内蒙古察右前旗豪欠营六号契丹女尸墓发掘出的女尸则保留了髡发。其发式：剃去前额边沿部分，保留其余头发，剃后的前额又长出一点短发，据判断当是原来剃光而不是剪短的。未剪的头发，在颅顶部用绢带结扎，另在左侧分出一小绺，编成小辫。耳后及脑后的长发，下垂到颈部以下。

髡，本来是古代的一种刑罚。然而，除契丹外，还有许多北方民族，如匈奴、乌桓、鲜卑、女真、蒙古等，也都有髡发的习俗。不过，不同民族剃去的部分不尽相同。比如，《北史·匈奴宇文莫槐传》：匈奴“人皆翦发而留其顶上，以为首饰，长过数寸则截短之”。《后汉书·乌桓鲜卑列传》载：乌桓以髡发为轻便，女子在出嫁时才留发。考古资料也可以说明，匈奴、乌桓、鲜卑的髡发，大体上是剃去四周而

辽张文藻墓壁画中的契丹门吏
（《宣化辽墓壁画》，文物出版社2001年版）

辽张文藻墓壁画中的童嬉图（《宣化辽墓壁画》，文物出版社2001年版）

留顶上的头发，并编成小辫。后来的女真、蒙古、满族也是剃去部分头发。《大金国志·男女冠服》载，女真留颅后发。《蒙鞑备录》载，蒙古上自成吉思汗，下到国人，都要剃所谓“婆焦”，就像中原小孩在囟门（头顶前部）留三绺头发。当时出使蒙古的传教士的描述较为详细：男人在头顶上把头剃光一块，并从这块前面的左右两角继续往下剃，经过头部两侧，直到鬓角。还要把两侧鬓角和颈后的头发剃光，并把前额至前额顶部的头发剃光，在前额骨那里留一绺头发，下垂到眉毛。头两侧和后面留发，编成辫子。女子在结婚后，把头顶当中至前额的头发剃光。满族男子则是半剃半留，编成长长的辫子。

辽“备宴图”中的女性（《宣化辽墓壁画》，文物出版社2001年版）

据文献记载，辽朝中期以后，契丹上层妇女多流行束高髻，就是在头顶上盘绕起高高的发髻。宋人路振《乘轺录》记载，他在辽国进见承天太后时，看到女侍都是“五色彩缠发，盘以为髻”。王鼎《焚椒录》中说，道宗皇后萧观音“上戴百宝花髻”。解放营子辽墓壁画侍女图中的侍女，也束着高高的发髻。

首饰与面妆

人类的爱美之心，与生俱来。考古学家说：远古时代的原始人，就有了简易的装饰品。如我国山顶洞人用钻孔的小砾石、石珠、兽齿、刻沟的骨管等做装饰品，而且相当精致。

辽张匡正墓后室东壁壁画（局部）中女性的发饰（《宣化辽墓壁画》，文物出版社2001年版）

首饰本指戴在头上的装饰品，又泛指发饰、耳环、项链、戒指、手镯等。

契丹人的首饰，可分发饰、耳饰、项饰、手饰等四类。

发饰。同契丹女子喜欢束高髻相联系，在高髻上往往佩戴金、银、玉等饰物。如《焚椒录》中说，萧观音“戴百宝花髻”，说明头发上佩有饰物。在内蒙古克什克腾旗二八地辽石棺画墓中还发现了银簪、步摇等实物，其中，银簪是用银条弯制而成，形制较为简单，是妇女发髻上常用的饰物。步摇，是古代妇女附在簪钗上的一种首饰。《释名·释首饰》云:“步摇，上有垂珠，步则摇动也。”由于发饰上有下垂的珠子，走起路来，自然就会不断地摇动。步摇大约最早出现于汉代，一直流行下来，唐宋上层妇女时兴佩戴步摇。如，唐白居易《长恨歌》:“云鬓花颜金步摇，芙蓉帐暖度春宵。”宋人谢逸《蝶恋花》词:“拢鬓步摇青玉碾，缺样花枝，叶叶蜂儿颤。”辽代妇女的步摇，当是直接承袭唐宋而来。辽墓出土步摇的形制：圆形镂空，四周有孔，垂挂鎏金小银铃七枚。小银铃呈三角形，中空，用银链垂挂，互相撞击时叮叮作响，清脆悦耳。

耳饰。耳饰有耳坠、耳环、耳珰等，大都是以金、银、玉、骨等制作。不仅契丹上层妇女普遍佩戴耳坠、耳环等，男子也有佩戴耳环的。如，库伦辽代壁画墓二号墓壁画中，有一驭者，髡发，八字胡，戴有黄色耳环。陈国公主墓出土有琥珀珍珠耳坠，是由细金丝相间穿缀而成。其中琥珀饰件尤为精致，饰件为橘红色，整体均雕刻成龙鱼形小船，龙首，鱼身，船上刻有舱、桅杆、鱼篓，并有划船、捕鱼之人，雕刻细致，形象生动。

辽琥珀珍珠头饰（陈国公主墓出土）

辽摩羯形金耳坠（耶律羽之墓出土）

项饰。契丹男女都有在项部佩戴饰物的风俗。项饰，包括项链、璎珞等。从辽墓出土文物看，契丹贵族妇女的项链，多是用金丝穿联玛瑙、宝石、珍珠、琥珀而组成的。璎珞，又作缨络，是用珠玉穿成的装饰物，原为佛像颈部的饰品，《南史 · 夷貊列传上 · 林邑国》:“其王者着法服，加璎珞，如佛像之饰。”林邑，南海古国名，故地在今越南中南部。从南北朝至隋唐五代时期，我国境内及南到今越南间的不同民族中，都有佩戴项饰璎珞的风俗。契丹男女都有此俗。陈国公主墓出土有四组琥珀璎珞，分别佩戴于公主和驸马的颈部。公主两组：一组由琥珀珠和琥珀浮雕饰件、素面琥珀料以细银丝穿缀而成，另一组由琥珀珠和圆雕、浮雕饰件以细银丝相间穿缀而成。驸马璎珞，形制与公主大体相同。

手饰，指佩戴在手、腕、臂上的戒指、手镯、臂钏等。在陈国公主墓中，就发现有金戒指、金手镯等手饰。

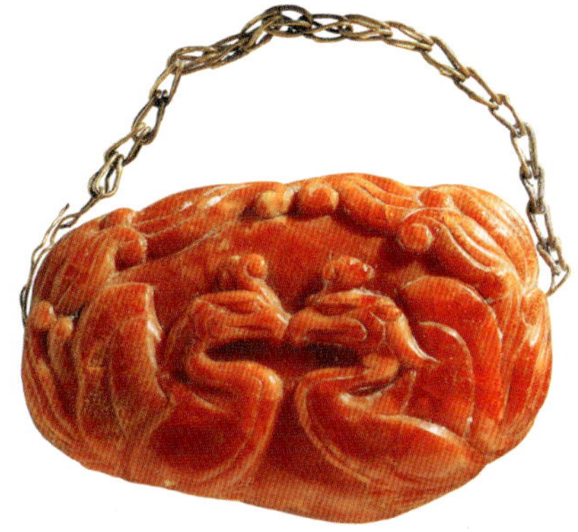

辽双凤纹、蟠龙纹琥珀握手（公主用品，陈国公主墓出土）

契丹人的面妆，如“佛妆”、面花等，都很有民族和地方特色。

佛妆是一种奇异的面妆，在许多出使过辽国的宋人诗文中都有记述。张舜民《使辽录》说：契丹妇女“以黄物涂面如金”，称作“佛妆”。朱彧《萍洲可谈》卷二说，他的父亲出使辽国时，辽方派出车马迎接，只见毡车中有妇人“面涂深黄”，红眉毛，黑嘴唇，即所谓“佛妆”。彭汝砺有一首咏佛妆诗说：“有女夭夭称细娘（女子有颜色者称细娘），真珠络髻面涂黄。华人怪见疑为瘴，墨吏矜夸是佛妆。”（《鄱阳集》卷十二）大意说，漂亮的女子，头上戴着真珠做的发饰（即璎珞），脸上涂着黄色。中原人以为她得了病，原来这就是所谓的佛妆。庄绰《鸡肋编》卷上说：契丹女子在冬天

内蒙古赤峰宝山二号墓石房内南壁“寄锦图”（局部）中的带妆女性

金葵花形飞天铜镜（黑龙江阿城出土）

金双鲤铜镜（黑龙江阿城出土）

“以括蒌涂面”，称作佛妆。并说，把括蒌敷在脸上，便可一涂再涂，而不再洗脸，直到春天时才将它洗去。由于脸面经过一个冬天都不为风霜所侵，所以“洁白如玉”。有这么多的诗文记述佛妆，看来佛妆确是契丹女子的时尚。

那么，契丹女子为何喜好这种奇异的佛妆？从前引诗文中就可以发现，当时宋人的理解并不相同。庄绰说，佛妆使皮肤“洁白如玉”，这是一种解释。彭汝砺诗说“墨吏矜夸是佛妆”，显然说以佛妆为美，又是一种解释。清人也有许多咏佛妆诗，如，陆长春《辽宫词》：“也爱涂黄学佛妆，芳仪花貌比王嫱。如何北地胭脂色，不及南都粉黛香。”史梦兰《辽宫词》：“夏至年年进粉囊，时新花样尽涂黄。中官领得牛鱼鳔，散入诸宫作佛妆。”查嗣瑮《燕京杂咏》：“西院琵琶拨未休，雪箫东院起梳头。春风暖入肌肤滑，初点胭脂洗括蒌。”“结束谁家好细娘，额痕犹带昔时黄。画眉不用斋堂墨，学得辽西拜佛妆”。大都认为契丹女子把脸弄黄，是她们以此为美。

括蒌，又作栝楼、瓜蒌等，为葫芦科多年生草本植物。李时珍《本草纲目》卷十八载：栝蒌果实橙黄色，根部皮黄肉白，又名白药、天花粉，均可入药，有“悦泽人面”“面黑令白”之功效。并附药方：栝楼瓤三两，杏仁一两，猪胰一具，研制成膏状，每夜涂之，可“令人光润，冬月不皴”。可见括蒌确有滋润皮肤、使之增白的作用。加之前引女子涂过一冬后“洁白如玉”之说，也许这就是契丹女子涂括蒌的主要目的。

说完契丹佛妆，使我不禁联想到当今颇为时尚的面膜。其实，契丹佛妆，就是古代美容化妆术中较早出现的一种面膜。

面花，又称花子，是古时妇女贴、画在面颊上的装饰，大约起源于秦。五代马缟《中华古今注》卷中“花子”：“秦始皇好神仙，常令宫人梳仙髻，帖五色花子，画为云凤虎飞升。至东晋有童谣云：‘织女死，时人帖草油花子，为织女作孝。’至后周，又诏宫人帖五色云母花子，作碎妆以侍宴。如供奉者，帖胜花子作桃花妆。”这里所谓“草油花子”“五色云母花子”“胜花子”等，都应是指花子的颜色和质料。也有人认为花子起源于唐代，唐段成式《酉阳杂俎》卷八“黥”：“今妇人面饰用花子，起自昭容上官氏所制，以掩点迹。”认为花子的缘起，是为了掩饰面部的“点迹”。“点迹”，也有作“黥迹”，是指文面毁容后造成的黑斑、黑记。可见面花，或称花子，起源甚早，到唐代广泛流行起来。契丹女子直接沿袭了唐人风俗，流行贴面花。如宋孔平仲《谈苑》记载：契丹人用鸭渌水的牛鱼鳔制成鱼形，“妇人以缀面花”。

金代服饰制度

女真“内地”冬季漫长而寒冷，衣着主要以皮毛及织布为原料。《大金国志》卷三十九“男女冠服”载，富人春、夏多用丝、绵或细布做衫裳，秋、冬以貂鼠、青鼠、狐貉皮或羔皮为裘。贫者春、夏用布为衫裳，秋、冬以牛、马、猪、羊、猫、犬、鱼、蛇之皮，或獐、鹿皮做衣裤。

黑龙江阿城亚沟石刻图像，被认为是金代早期作品，为了解当时女真衣着形制提供了形象而可靠的资料。六七十年前的日人鸟居龙藏，对此曾有比较详细的描述。他说：

> 此武士身着胡服，头戴盔，右手握鞭，足着长靴，可谓其为全幅武装矣。盔顶附有甚大之玉……胡服之衿较广，全身皆有装饰之花纹，两肩之部分露有高贵披肩之两端，自胸部以迄两腕之上部，亦隐约有花纹存在……由左肩下迄腕所披之装饰，似为其品位之象征。
>
> 与其相并盘膝而坐者为一妇人之像，其服装与契丹妇人服相同……头戴帽，于右肩之上部有甚长之突出物，为帽之附属品，当为贵妇人之象征。衣为左衽，袖甚长。
>
> （《金上京及其文化》，《燕京学报》第35期）

金褐绿地全枝梅金锦绵裙

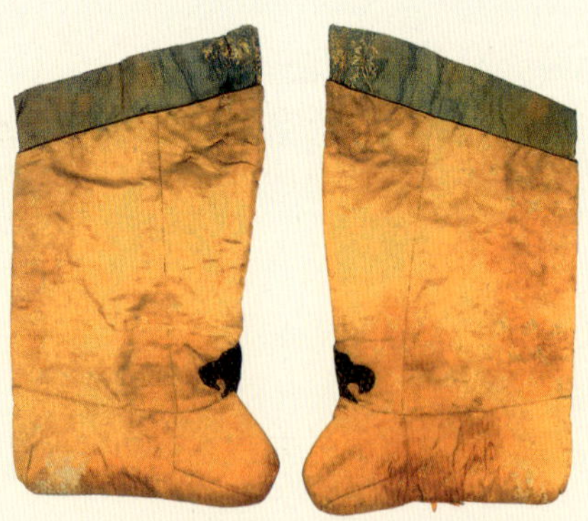

金黄地散搭花金锦绵六合靴

亚沟石刻，至今仍然依稀可辨，大致如鸟居龙藏氏所述。

人类初始，服装的主要功用是为了适应气候，保护身体。随着社会的发展，进入阶级社会以后，服饰逐渐具有了“别等威，明贵贱”的功能。上自皇帝公卿，下到庶民百姓，贵贱有等，衣服有别。金朝建立之初，尚无严格的服饰制度。熙宗天眷、皇统间，参照汉、唐、宋制度制定了本朝服饰制度，到世宗、章宗时才逐渐完备起来。

金朝皇帝百官的服饰，有朝服、祭服之分。朝服，是君臣举行朝会及参与重大典礼时穿着的礼服。祭服，是祭祀时穿着的礼服。此外，百官平时还有公服，即制服。

天子冠服。皇帝服饰大体采用宋朝制度，而略加增损。由所谓通天冠、绛纱袍、衮冕、偪舄（鞋）等部分组成。其中，冕的上面为天板，天板下有四柱，前后有二十四珠旒（悬垂的玉串），还有一些其他装饰品。衮衣上绘有日、月、星辰、山、龙、火等。皇帝在朝会和祭祀时的着装即朝服和祭服，略有不同。平时上朝，则戴小帽、红襕（衣与裳相连曰襕，即袍），并束腰带。

皇后冠服。皇后冠服，与宋朝相近。有花珠冠、袆衣、裳、蔽膝、舄、袜等。花珠冠，上绘九龙、四凤，前后各有十二花珠。袆衣，上衣。裳，下衣。蔽膝，围在衣服前面的大巾，用以蔽护膝盖。

皇太子冠服。皇太子冠服，有冕、衮、裳、裙、革带、蔽膝、舄、袜等。

此外，对百官、宗室、外戚、命妇等的衣冠都有具体规定，十分严格，不得逾越。

以上是金朝皇帝、后妃、太子、外戚、命妇、大臣等在朝会、祭祀等典礼时所穿礼服，而最能反映金人服饰特点的则是常服。

金人的常服，主要由巾、盘领衣、带、乌皮靴四部分组成。

男子常服。

巾，即幞头。据《金史·舆服志下》载，巾以皂罗（黑色稀疏而轻软的丝织品）做成，在上面结成方顶，折垂于后。顶的下边有两角，角下还缀两条带子。

考古工作者在黑龙江阿城巨源齐国王墓中，曾发现有女真幞头实物，虽同《金史》所载形制略有差异，但大体上是一致的。女真幞头大致源于唐、宋，而又具本民族的特色：其一，具有幞头的传统形制和某些特征；其二，在幞头顶前部折出左右对称的二小角，与前部的大折角相互照应，使之增加了美感；其三，此两角抽出后，即可系于颔下，以避免大风或骑马飞奔时脱落。

金花珠冠正面、背面

盘领衣。女真人常服多为白色，窄袖，盘领。前胸和肩袖有文饰，在不同的场合，要穿绘有不同文饰的服装。比如，随从皇帝“春水”时，多着绣鹰鹘捕鹅及花卉等图案的服装。随从“秋山”时，则穿绣熊鹿、山林图案的服装。显然，这些图案具有伪装色的作用，不易惊动被猎目标。

束带。由皮革带和吐鹘组成。吐鹘是附于腰带上的扣版，用金、玉或犀、象骨角等制成。其质料、数目，随时代或饰者的身份而有所不同。当外出射猎时，用来佩带刀牌，后来成了装饰物。

在上京会宁府女真早期墓地，曾出土有鎏铜质及玉质带，其纹饰有花草纹、云纹、蜂蝶纹、鱼纹、兽面纹、童戏纹、海东青捕天鹅纹等。

乌皮靴，亦有白皮靴。宋人许亢宗于宣和七年（1125）奉使金国，贺金太宗即位，在上京看到太宗的装束：头裹皂头巾，带后垂，如同和尚僧帽，玉束带，白皮鞋，与文献中有关常服的记载大体一致。

妇女常服。

女子上衣称团衫，直领，左衽，前后拖地。腰系带，用红黄色。并服襜裙（系在衣服前面的围裙），多为黑紫色。

此外，金朝对士庶、三教九流、兵卒、奴婢的衣着，也有具体规定，不得逾越。

以上有关金代服制的叙述，主要是依据《金史·舆服志》中的相关记载。那么，实际生活中的情况如何？

在当时出使金国的宋人行程录、诗文及其他资料中，也有关于金人服饰的零星记载。如，范仲熊《北记》说：女真官员时着上领褐衫，上下差别不大。富者穿褐色毛衫，以羊

金褐地翻鸿金锦绵袍

金紫地金锦绵袍

金黄地小杂花金锦夹袜

石景山金墓壁画（局部）

裘、狼皮等为帽（《三朝北盟会编》靖康中帙七十四）。绍兴四年（1134），金右副元帅完颜昌召见宋通问使魏良臣、王绘时，旁边有四人，穿短袍、裹头巾、着球头靴（《三朝北盟会编》炎兴下帙六十二）。范成大出使金国，金国接待人员对范成大所戴的巾裹非常羡慕，求其式样，而对自己的“蹋鸱巾”则颇有愧色，范成大写了一首《蹋鸱巾》诗记述此事：“重译知书自贵珍，一生心愧蹋鸱巾。雨中折角君何爱，帝有衣裳易介鳞。”（《范石湖集》卷十二）蹋鸱巾，女真人的头巾。介鳞，原指甲虫和鳞虫，后用来比喻远方夷狄，含有贬义。

流传至今的金代文物及考古发现，如壁画、砖雕以及服饰实物，也为金代服制提供了形象而真实的资料。如，原题金人张瑀《文姬归汉图》所画虽为汉末人物故事，但服饰具有金代特点。蔡文姬头戴貂帽，耳两旁似各垂一辫，上身着半袖，内着直领长袖上衣，腰束带，足穿长靿尖靴。其中，貂帽、长辫、束带、长靿靴等，都是金人服饰特点。河南焦作金墓舞蹈俑，头戴六角形笠，梳双辫垂于肩，身着方领窄袖长袍，有护胸，腰系带，足穿靴。山西沁源正中村金墓壁画，骑马者头戴毡笠，着盘领袍、尖头靴。山西繁峙岩上寺壁画东壁宫中图所绘人物服饰，总的来说已经汉化，其中一人仍着女真服饰：头戴翘脚幞头，着窄袖盘领袍，腰系带，足穿尖头靴。河南焦作壁画中的妇女装束，有二人头戴凤翘垂脚幞头（金凤花幞头），着盘领短袖袍，腰系抱肚，束革带，足着乌皮靴。有一人外罩大袄子，前后拂地，下着裙，即所谓"团衫"，内衣为左衽。山西介休金墓砖雕（山西博物院藏），有妇女身着短上衣、下裙，内服左衽上衣。

总的来说，宋人记述及文物考古资料，都大体上印证了《金史·舆服志》有关金代服饰的记载。

女真人的发式、首饰及化妆

一　发式

据徐梦莘《三朝北盟会编》政宣上帙三载：女真“妇人辫发盘髻，男子辫发垂后，耳垂金环，留脑后发，以色丝系之，富者以珠玉为饰”。《大金国志》卷三十九“男女冠服”载：金人“辫发垂肩，与契丹异。（耳）垂金环，留颅后发，系以色丝，富人用珠金饰。妇人辫发盘髻”。从中可以看出，女真男子发式的特点，是剃掉头颅前部的头发，留脑后发，梳成辫子，垂在肩上，并系以色丝或珠玉等头饰。女真女子留辫发，盘髻。

文献中有关女真发式的记载，在金代的绘画中可以得到印证。如张瑀《文姬归汉图》，图中的匈奴人是依女真人的形象描绘的，前额及两鬓稍加剃剪，留脑后发，梳成两条辫子，垂至背后。

金赵励墓壁画“备宴图”中金人的发饰（《金中都遗珍》，北京燕山出版社2003年版）

二　首饰

女真男女都有佩戴首饰的习俗，上层妇女尤为普遍。《金史·舆服志下》载，老年妇女以黑纱笼发髻，并缀以玉钿（玉制的花朵形首饰），称为“玉逍遥”。这本是辽人头饰，为金人袭用。女真男子也佩戴金银耳饰。

金朝中期以后，社会风尚有渐趋奢靡之势，世宗、章宗曾多次发布诏令或告诫群臣，对不同阶层的服饰、首饰等，有许多具体规定，提倡节俭，遏制侈靡；同时也是为了使贵贱有别。大定十三年（1173），世宗诏令：妇女首饰，不许用珠、翠、钿子等物。

在黑龙江绥滨中兴、永生金代墓中曾出土许多金代的首

金代的凤鸟形金簪

饰、佩饰，有银钏、银簪、银钗、银耳坠，金指环等，还有以铜、铁、石、高岭土为原料做成的首饰、佩饰。在黑龙江阿城巨源齐国王墓发现的首饰、佩饰尤为丰富、精美，男墓主首饰、佩饰有青玉镂空衔莲天鹅、玳瑁簪、金耳坠、象牙梳等，女墓主有镂雕双凤青玉佩饰（即“玉逍遥”）、竹节形八角金环、金钿、项饰等。此外，在吉林长春附近的完颜娄室墓中发现有结纽状金花饰（可能是冠上饰物）、鎏金环（指环或耳环）、金钏、鎏金笄、胡桃形石饰、鎏金装饰品、鎏金饰件等。

三　化妆

金代妇女重化妆，后妃更是如此。传说金章宗曾在中都东北隅为元妃李师儿筑梳妆台（遗址在今北京北海公园内），后人咏此事者颇多。如元人迺贤《妆台》诗云：

废苑莺花尽，荒台燕麦生。
韶华如逝水，粉黛忆倾城。
野菊金钿小，秋潭石镜清。
谁怜旧时月，曾向日边明。

（《元诗选初集·金台集》）

陈孚《李妃妆台歌》云：

雪艳透肤腻红重，仙姿何待铅华施。
妆成独对东风笑，藕花一朵开涟漪。

（《元诗选二集·玉堂稿》）

清人史梦兰《金宫词》中有“琼花仙岛接蓬瀛，百尺妆台压禁城”句。

关于这个妆台，还有一段故事。金章宗曾与元妃在此夜坐，章宗说：“二人土上坐。”元妃应声答：“一月日边明。”章宗听了十分高兴。此外，也有把这个妆台传为辽萧太后梳妆楼的。

画眉是金代宫中妇女常用的化妆术。有关北京的许多志书上都记载西斋堂村产石，黑色而性坚，磨之如墨。金时宫人多以其画眉，名曰眉石，又曰黛石。元好问《赋南中杨生玉泉墨》诗注云：“宫中以张遇麝香小团为画眉墨。”又在《杏花》诗中有“画眉卢女娇无奈，龋齿孙娘笑不成”句（《遗山先生文集》卷九），都说明金代宫中及民间女子流行画眉。

服饰风尚的变迁

由于社会的发展、生产力的提高、贫富分化的加剧、时尚的变迁等，金代服饰风尚，也随之发生变化。归纳起来，其主要趋势表现在两个方面：

一是由俭入奢。

金世宗曾说：建国之初，社会风俗淳朴节俭，“居家惟衣布衣”（《金史·世宗本纪下》）。当然，金初女真衣着“惟衣布衣”，并非只是因为风俗淳朴，还同当时的生产力水平低下有关。随着经济的发展、生产力的提高，衣着风尚也有变化，出现逐渐奢华的趋势。大定十三年（1173），吏部尚书梁肃上书世宗，请求对不同阶层的服饰予以限制和约束。他说：如今民间钱少，是由“风俗奢华所致”。时下吏卒、屠贩、奴仆等下层民众，竟然穿罗纨绮绣，戴金质饰品，以致钱币尽入富商大贾及兼并之家。请严行禁约，限制品级，明确规定各种人的服色，以防侈靡风气的蔓延（《金文最》卷十八）。明昌初年，章宗命百官讨论如何使百姓弃末务本，增加积蓄。户部尚书邓俨说：当今社会风俗竞相侈靡，不如定立制度，“使贵贱、上下、衣冠、车马、室宇、器用各有等差”，并抑制婚丧过度靡

金八仙祝寿图（缂丝）

金绿地忍冬云彩纹夔龙金锦绵袍

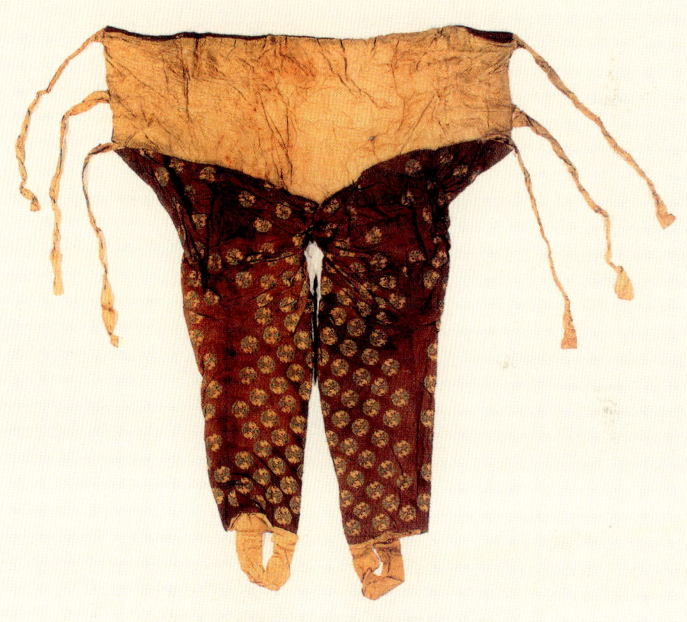

金棕褐菱纹暗花罗萱草团花绣锦大口裤

金绿罗萱草绣鞋

费（《金史·邓俨传》）。虽然朝廷对风俗侈靡做出许多限制，然而并不能从根本上制止社会风气的变化。特别是宣宗南迁之后，一些纨绔子弟“惟以妆饰体样相夸，膏面镊须，鞍马、衣服鲜整，朝夕侍上，迎合谄媚”。有的显贵之家的婢妾居然“衣缕金绮绣如宫人”（刘祁《归潜志》卷七）。可见女真贵族醉生梦死、奢靡腐化，已经达到了惊人的程度。

二是汉化与“胡化”。

自宋、金绍兴和议以后，一度出现北南和好的局面。熙宗、海陵王时期，任用汉人，仿效汉制，进行一些政治改革。随着女真与境内汉人及南宋交往日渐频繁，女真风俗出现汉化趋势，他们纷纷改服汉人衣冠。如熙宗的“雅歌儒服”和海陵王对“江南衣冠文物”无比羡慕，便集中地反映了女真服饰的汉化趋势。女真妇女的头饰也有变化。据《大金国志·男女冠服》载，女真妇女原本是辫发盘髻，不用冠。而自从金灭辽侵宋以后，妇女或裹逍遥巾，或裹头巾，随其所好。逍遥巾，本是宋代庶人的一种头巾。后来，举人开始用紫纱罗做长顶头巾，垂于背后，以别于庶人，士人、庶人甚至妇女都戴这种头巾。靖康二年（1127），宋徽宗、钦宗被金兵拘于青城金营，金人送郑太后家属入城，见徽宗。当时徽宗“着紫道服，戴逍遥巾”。而金灭辽侵宋之后，女真妇女也裹起逍遥巾了。对女真风俗汉化持保守立场的世宗，于大定二十七年（1187）颁布诏令，禁女真人学南人衣装，犯者抵罪。章宗于泰和七年（1207），也敕令女真人不得学南人衣装，并规定“违者杖八十，编为永制”（《金史·舆服志下》）。但是金代女真汉化已成风尚，其实，就连反对汉化的世宗、章宗所穿着的礼服、祭服等，也无一不是遵照“前代之遗制”，或“参酌汉唐”而更制的，更不必说那些汉人衣冠的仰慕者了。

金代北方汉人的衣着和发式，也发生了不小的变化。燕地汉人早在契丹统治下的时候，已着“胡服”。苏辙《燕山》诗云，“左衽今已半”（《栾城集》卷十六），表明那里已有半数民众身着契丹衣装（左衽）了。诗人的语言难免夸张，然而汉人着“胡服”已是司空见惯之事，应无异议。金初，番汉杂处，女真散居汉地，金朝统治者强制境内各族人改行女真衣着、发式。天会四年（1126）十一月，枢密院对河北、河东两路发布的告示称：两路既然已经归属本朝，也应采用本朝风俗，“削去头发，短巾左衽”。敢有违犯者，就是怀念旧国，“当正典刑，不得错失”（《大金吊伐录》卷三）。天会七年（宋建炎三年，1129），金元帅府禁止民众着汉服，又下令髡发，不合规定者杀之。宋青州观察使李邈城陷入燕，就因对髡发令有抵触言论而丧生。当时刘陶知代州，见一军人顶发稍长，大小且不合规定，便把他的头砍了。知赵州韩常、知解州耿守忠见有穿汉服“犊鼻”（即围裙）者，也把那人杀了。一时因衣服和发式而无辜受害者，不可胜计（《建炎以来系年要录》卷二十八）。

由于金朝统治者强制推行汉人女真化政策，以及汉人与女真接触的增多，使女真的衣着、发式在一些地区的汉人中逐渐流行开来。范成大《揽辔录》云：“民亦久习胡俗，态度嗜好与之俱化……最甚者衣装之类，其制尽为胡矣。自过淮已北皆然，而京师尤甚。惟妇女之服不甚改，而戴冠者绝少，多绾髻，贵人家即用珠珑璁冒之，谓之方髻。”

女真衣冠在北宋旧都汴京（今开封）颇受欢迎，范成大在《相国寺》诗中写道：“闻说今朝恰开寺，羊裘狼帽趁时新。”而且寺中杂货，也有许多是女真人的日用品（《范石湖集》卷十二），可见北方女真等少数民族的衣冠服饰及日常生活用品，已充斥这里的市场。

不仅如此，女真服饰还传到了南宋京城临安（今杭州），致使南宋朝廷一再明令禁止。隆兴元年（金大定三年，1163），南宋有臣僚奏称，临安府士民百姓的"服饰乱常"，已经颁布诏令禁止。他说：如今，许多原辽、金、西夏归服本朝者，以及本朝士民流落邻国后来重新回归者，往往不改"胡服"，诸军也仿效女真衣装，有乱风化，应该严加禁止，不得"左衽胡服"（《宋会要辑稿》兵十五）。南宋诗人陆游在《得韩无咎书寄使虏时宴东都驿中所作小阕》诗中写道："上源驿中捶画鼓，汉使作客胡作主。舞女不记宣和妆，庐儿尽能女真语。"（《剑南诗稿》卷四）大意说：在接待使者的驿馆中，有人敲着有彩绘的鼓。宋朝使者在这里作客，女真却成了主人。驿馆里的舞女不再穿宋装，店里的招待员竟能操一口流利的女真语。

从以上不难看出，女真服饰不仅深深影响了金朝统治下的汉族，而且对南宋也有影响。北方汉族人衣着、发式发生的变化，既是受少数民族统治的结果，也反映了民族融合的历史发展大趋势。

金素绢夹袜

党项的衣着与发式

西夏地处我国西北，有发达的畜牧业，盛产牦牛、马、羊、骆驼等。牦牛、羊、骆驼的毛及牛、羊的皮都是编织、缝制衣装的上好原料。《隋书·党项传》、新旧《唐书·党项传》都记载，党项衣裘褐、披毡，以为上饰。裘，就是毛皮制成的御寒衣服，多为富贵者所服。褐，这里是指粗布纺织品制成的衣服，为贫贱者所穿。毡，指用细毛制成的布。

党项人的衣服原料除皮、毛之外，还有锦、绮、绫、罗之类丝织品，也是供皇室、贵戚、官员等上层人用的。西夏的丝织品，主要是来源于同宋朝的榷场贸易，及宋朝的回赠。如庆历四年（1044）十月，宋赐西夏诏中说：朝廷每年赐绢十三万匹，乾元节回赐绢一万匹，回赐西夏贺正旦绢五千匹。每年仲冬衣服换季，赐时服银（制作冬服经费）五千两，绢五千匹，并赐西夏皇帝生日

西夏铜头盔（宁夏西吉县博物馆藏）

礼物银器二千两，细衣着一千匹，衣着一千匹（见《宋大诏令集》卷二百三十三、《续资治通鉴长编》卷一百五十二）。元祐六年（1091），吕大防在奏议中称：当时国家每年以二十五万银绢赐西夏（《续资治通鉴长编》卷四百五十八）。

党项人衣着的构成，《番汉合时掌中珠》列有：毡帽、皮裘褐衫、褐衫、长靿（长筒靴）、短靿（短筒靴）等。《文海》列有：袍（释文："此者锦袍也，宽衣，妇人所着之谓也。"）裤、靴、屐。

以上是就党项人衣着构成的总体，而对各阶层和群体服饰的样式、颜色、花纹等，法律上又有不同的规定。

西夏建国，元昊衣着为白衫、窄袖、毡帽，帽后垂红绶带。文官的冠服，头戴幞头，身穿紫衣、绯衣（红衣）；武官较为繁缛，头戴金帖起云镂冠、银帖间金镂冠，身穿紫长衫，腰间束带，垂蹀躞（佩饰），带短刀、弓、箭袋等（见《宋史·外国列传一·夏国传上》）。而出使外国的使臣，则大体兼具文武官员服饰的若干特点。如司马光《涑水记闻》卷十一载，西夏初年，元昊派人使宋，戴金冠，衣绯，佩蹀躞。孟元老《东京梦华录》卷六"元旦朝会"条也载，夏国使节、副使戴金冠，穿绯窄袍，佩金蹀躞，着皮靴。

敦煌莫高窟、安西榆林窟中，西夏时期佛教壁画中的一些男女供养人像，为我们提供了西夏人服饰的形象资料，进一步印证和丰富了相关的文献记载。

莫高窟409窟，被定为西夏时期的作品。东壁西侧的西夏王像，头戴高冠，系带，身着圆领、窄袖、团龙长袍，足穿靴。身后的侍卫持伞盖，执扇、弓箭、盾牌等簇拥护卫。与其对称的是王妃像，头戴桃形凤冠，双髻抛面，身着翻领

西夏婴戏莲纹印花绢（宁夏回族自治区博物馆藏）

西夏王供养像（敦煌莫高窟第409窟）

窄袖长袍，与回鹘女装相近。

榆林窟第29窟，西壁南侧分上下两列女供养人像，她们都戴尖圆形金冠，右边插花簪，耳垂耳坠，云鬓广额，穿交领、右衽、窄袖、左右开衩的锦袍，袍内穿百褶裙，裙两侧和前方垂绶，脚穿翘尖履。同窟西壁北侧，是分上下两列的男供养人像，上列三人，头戴毡帽，身穿圆领长袍，前两人帽前有金花为饰，脚穿皂靴，后者帽前无金饰。身后随从三人，其中两人髡发，一人戴巾帻，两人穿圆领齐膝衣、长裤、绑腿、麻线鞋，一人穿圆领长衫，腰带，皂靴。

西夏女供养人像（安西榆林窟第29窟）

西夏男供养人像（安西榆林窟第29窟）

榆林窟第2窟有一对西夏武官和命妇供养人像，男戴毡帽，穿交领、右衽袍，腰有蹀躞带，脚踏乌靴。女梳高髻、簪有钿花，左右双插步摇簪，耳垂耳坠，颈挂念珠，穿交领、右衽、窄袖、高开衩长衫，下穿百褶长裙，脚穿翘尖靴。

1977年，考古工作者在清理甘肃武威西郊林场西夏天庆间墓葬（编号77W.X.M2）过程中，发现二十九块版画，内有重甲武士、男女侍从、牵马人等。其中武士着装为毡冠，红结绶，重甲。贵妇，服圆领绯红长衫，头戴黑冠。男侍头戴幞头（也有披发），着圆领长衫。女侍梳高髻（或戴幞巾），服圆领或交领长衫，右衽。童子头梳环髻，服交领右衽长衫，束腰。

西夏对大小官员、僧人、道士穿戴服色和花纹有明确规定，《天盛改旧新定律令》卷七“敕禁门”载：禁止大小官

西夏五男侍图（甘肃武威市博物馆藏）

西夏五女侍图（甘肃武威市博物馆藏）

员、僧人、道士穿戴石黄、石红、杏黄、绣花、饰金、有日月，及原纺织品中有日月、团身龙图案的衣服，违者判徒刑二年。在家和尚穿袈裟、裙等为黄色，出家和尚的袈裟，则是另外一种黄色，而非纯黄。若违律，依律治罪。

一　党项人的发式

党项人的标准发式为秃发。

夏显道元年（1032），元昊嗣位后，立即着手改革银州、夏州旧俗，发布秃发令，“先自秃发。及令国人皆秃发，三日不从令，许众杀之”（《续资治通鉴长编》卷一百一十五）。也有文献记载，西夏文武官员头戴幞头或冠，其余“皆秃发，耳重环”（曾巩《隆平集》卷二十《夏国赵保吉传》）。由于文献记载过于简略，并不尽相同，导致后人在理解上的歧异。如，秃发是不是党项人的传统发式，党项官民是否一律秃发？根据上引史料，有说秃发是党项传统发式，也有说西夏人秃发是恢复党项先世拓跋鲜卑旧俗。仔细推敲元昊“初制秃发令”，并“先自秃发”，似乎可以认为秃发并非此前党项人的传统发式，否则，便不会“初制”，元昊也无须“先自秃发”。因此，秃发令当是恢复其先世鲜卑秃发旧俗的诏令。

西夏人秃发的范围，据前引《隆平集》载，文武官员头戴幞头或冠，“余皆秃发”，似乎仅庶民秃发。这就会产生一个疑问，皇帝（元昊）和庶民均要秃发，唯百官除外，便很难讲通，况且元昊所发布的秃发令中，还有“令国人皆秃发”一说，百官似不应例外。文献记载简略，并有抵牾。而我们能见到的西夏人图像资料中的贵族、官员往往着幞头或冠，无法确认他们是否秃发。

西夏人的秃发究竟是什么样子？北方民族如鲜卑、契丹、女真、蒙古等的发式，都有剃去一部分的习俗，然而剃去的

西夏黑水城“水月观音图”（局部）中西夏人的发式

部位却不尽相同。至于西夏人秃发剃去的部位，史无明文，从图像资料判断，是剃去头顶，而留边发。如，榆林窟29窟壁画西夏供养人像，其中除了三个戴帽的供养人外还有四人，即供养人的孙子及厮童，此四人全为剃去顶发，四周留发。黑水城出土的一幅西夏木版画中，有一男供养人，头顶髡发，额上留发，鬓发一绺，垂于耳前，与榆林窟西夏男子秃发形式相同。

西夏男子除秃发外，还有披发和辫发。如黑水城出土的两幅唐卡（唐卡是藏语的音译，指用彩缎装裱后悬挂供奉的宗教卷轴画），其中一男供养人就是两绺鬓发垂后，余发似结辫垂后。这或许就是元昊颁布秃发令前党项人的传统发式。如《续资治通鉴长编》卷三十五淳化五年三月条载，保忠（继捧）刚要就寝，突然遭到夜袭，“单衣披发，仅以身免”。就说明颁布秃发令前，党项人的发式是披发。

元符二年（1099）七月，宋秦州路经略司招诱到自称西夏首领名叫伽凌者等三人，其实他们是伪冒西夏人，故意扮作“剃发，穿耳，戴环”（《续资治通鉴长编》）卷五百一十二）。显然，剃发、穿耳、戴环，是党项男人最为常见的标志发式和头饰。

至于妇女和儿童的发式，不见文献明确记载。不过，前引武威西郊林场西夏墓版画中，女侍有的梳高髻，而童子梳环髻。

左衽述考

关于左衽，在前面的叙述中已有涉及，这里再集中谈一谈这个问题。

左，即衣襟向左，是我国古代包括契丹、女真等许多少数民族服装的共同特点，而且几乎成了少数民族的同义语。

早在春秋时代，左衽已是华夏以外“夷狄”的代名词了。《论语·宪问》记载了孔子和他的弟子子贡的一段对话。子贡问孔子：“管仲不是仁人吗？齐桓公杀掉了公子纠，管仲不但不以身殉难，反而去辅佐桓公。”孔子说：“管仲辅相桓公，称霸诸侯，使天下得到匡正，人民至今还受到他的好处。如果没有管仲，我们都会被（披）发左衽了。”这里用披发左衽（“夷狄”的发式和服装）表示沦

《番骑猎归图》（局部），南宋佚名

为“夷狄”。

据文献记载，我国历史上的匈奴、突厥、鲜卑、羌、契丹、女真等，其衣装都是左衽。如匈奴，《后汉纪》卷十载：“匈奴援引弓之类，并左衽之属，故不可得而制也。”就是说匈奴属于弯弓射箭、身着左衽衣装的族类。突厥，史书上称其为匈奴别种。其风俗，披发左衽，穹庐毡帐，随水草迁居，以畜牧狩猎为业（见《周书·异域列传下》）。羌，《后汉书·西羌传》载，凉州部的羌胡“被发左衽”，与汉人杂处，习俗既异，言语不通。建立北魏的鲜卑族服饰原本也是左衽，到孝文帝时，为了消除鲜卑和汉族之间的风俗文化差距，巩固在中原的统治，实行一系列改革，北魏服饰一改“胡服”左衽窄袖的旧制，而穿与南朝一样宽衣博带的汉式服装。不仅北方如此，南方少数民族也多有左衽者，《后汉书·南蛮西南夷列传》：西南夷其人皆“椎结左衽”，把头发梳成椎形，衣襟向左。

内蒙古赤峰宝山一号墓石房内南壁女仆的衣着和发式

如前所述，契丹、女真的传统服饰都为左衽。契丹、女真建立政权以后，同中原汉族联系日趋频繁，他们的服饰风俗也在不同程度上汉化，许多人改着汉服。如《契丹国志·衣服制度》载，契丹皇帝和汉官皆服汉服。宋人路振奉使契丹时，看到“俗皆汉服”，当然都是右衽了。

至于女真，其汉化程度高于契丹，服饰右衽者就应更多了。有趣的是，金人在一些庙宇的雕塑作品中，还把汉人圣贤衣装按女真风俗塑成左衽。宋周必大《二老堂诗话》“光武庙左衽”条云：钱塘陈益，字仲理，进士出身。淳熙间，曾为奉使金国属官，一次过滹沱光武（后汉世祖光武帝刘秀）庙，见到庙中刘秀塑像左衽。于是，他用刘秀的口气风趣地写了两句：“早知为左衽，悔不听臧宫。”诗中包含了这样一个故事：臧宫，字君翁。早年为县亭长，后投军，随从刘秀征战，人称骁勇。刘秀即位，臧宫深得重用，官阶不断升迁，先后拜辅威将军、广汉太守，封朗陵侯。臧宫平生谨信质朴，因此常被重用。有一年，北方的匈奴发生饥荒瘟疫，内部自相纷争。刘秀问臧宫如何对待，臧宫说：我愿领五百骑兵建立功勋。刘秀笑着说：常胜将军往往轻敌，等朕想想再议。此后，臧宫又与同僚上书说：匈奴贪利，不讲礼信。穷困无着时，则俯首称臣；平安富裕时，则侵盗骚扰边境。如今，匈奴人畜疫死，旱蝗成灾，毫无抵御能力，正好消灭他们。匈奴之灭，不过数年就可实现。皇上千万不要在这时因仁慈恻隐之心，而放弃建立万载功业的大好时机。光武帝不听，从此再也无人敢言兵事（见《后汉书·臧宫传》）。陈益在诗中幽默地说，光武帝悔恨未听臧宫建言，才穿了左衽的“胡服”。

岳珂《桯史》卷十四，也记载了两则金人雕塑的汉人先贤左衽像的事例。“开禧北伐”条载，开禧二年（1206），岳珂公干过涟水，见城已焚毁，仅留宣圣（孔子）一殿，屹

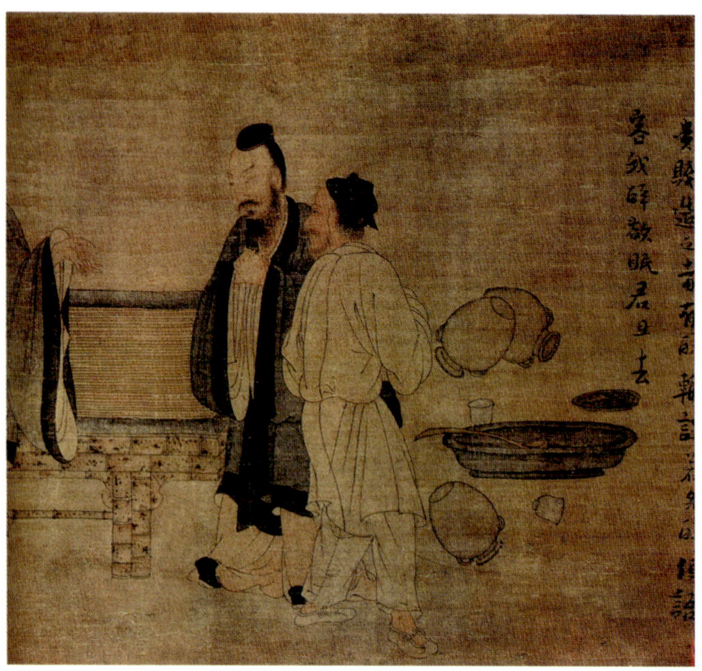

《扶醉图》（局部），元钱选

《文姬归汉图》(局部),金张瑀

立于瓦砾之中。他进殿参拜,只见孔子及十哲(指孔子的十个弟子:颜渊、闵子骞、冉伯牛、仲弓、宰我、子贡、冉有、季路、子游、子夏。自唐定制,从祀孔庙)塑像都是左衽。当岳珂一行看到先圣竟被金人换上“胡服”,不胜感慨,“相顾浩叹”。“泗州塔院”条载,岳珂至泗州(治今江苏盱眙),亲到僧伽塔下。在塔院的岩穴中见五百应真(即罗汉,意谓得真道的人)像,大小不等,或塑(平面),或刻(立体),其衣装也都是左衽。在文学艺术作品中,以当时人的理解塑造前人形象,是屡见不鲜的。如金人张瑀《文姬归汉图》的故事背景虽为汉代,然而画中人服饰却是金代的。

与匈奴、突厥、契丹等同属游牧民族的蒙古人的服饰风俗,却和他们不尽相同。蒙古人的传统服装是“胡服胡帽”,所谓“胡服”就是袍服,袍服为右衽。宋人彭大雅、徐霆《黑鞑事略》说“其服右衽而方领”。这一点曾给当时出使蒙古的外国传教士鲁不鲁乞留下深刻的印象,他说:“这种长袍在前面开口,在右边扣扣子。在这件事情上,鞑靼人同突厥人不同，因为突厥人的长袍在左边扣扣子，而鞑靼人总是在右边扣扣子。”（道森编《出使蒙古记》）鲁不鲁乞东游蒙古事在1253年，正当蒙哥三年。1271年，世祖忽必烈改国号大元。同年，颁布诏令：凡元旦、圣节、发布赦罪诏书及任免诏书等，百官一律具公服迎拜行礼，“公服俱右衽”（《通制调格》卷八）。后来，陶宗仪《南村辍耕录》卷七“官制资品”条载，“公服俱右衽”。《元史·舆服志一》也载，公服“大袖，盘领，俱右衽”。显然，都是袭用元初诏令。由此看来，蒙古人服饰右衽是确凿无异的。

然而，据文物考古资料证明，元代同时存在服饰左衽的风尚。如，1976年在内蒙古察右前旗土城子原集宁路遗址发现的一批窖藏丝织品中，有一件印金提花绫长袍，通长126厘米，交领，左衽，窄袖。在元名人四像图卷上绘有四位官员，一位蒙古族，三位汉族，都着左衽衣服。山西太原晋祠元代改塑的宫女像，穿着左衽长袍。陕西西安湖广义园，发现元代陶俑中有三个汉族侍者，穿着左衽长袍。明《洪武实录》卷三十记载：“其辫发，椎髻，胡服，胡语，胡姓，一切禁止。”可见当时包括左衽服式在内的民族服装，仍很盛行，所以才明令禁止。

关于蒙古服饰的左衽、右衽，文献记载和考古发现相左，或许是文献中记载的是公服，出土文物为常服。在鲁不鲁乞出使蒙古国时期，蒙古服饰就应是左衽、右衽并存。世祖改国号后，选择了公服右衽。如果原来就是崇尚右衽，便无必要郑重申明“公服俱右衽”。不过，尽管官方规定右衽，而民间却不改左衽旧习。倘若原本仅行右衽，朝廷又明令右衽，后来也不会有左衽的流行，也许这样才能解释蒙古长袍左、右衽并存的现象。

以上集中考察了我国历史上少数民族服饰左衽的来龙去脉，形成了同华夏汉族衣着右衽截然相反的风俗。然而，华夏汉族的丧服也是左衽。《礼记·丧大记》说："小敛大敛祭服不倒，皆左衽。"小敛，指给死者沐浴、穿衣、覆衾等。大殓，指将已装裹的尸体放入棺材。至于死者衣服左衽，郑康成说："左衽，衽乡（向）左，反生时也。"死后所穿衣襟向左，与生时相反。孔颖达说：生时所穿衣襟向右，是因用左手解衣带方便，死后衣襟向左，则表明以后不必再解衣带了（见《礼记正义》）。

食 SHI

辽韩师训墓壁画“宴乐图”（局部）

契丹的头鱼宴与头鹅宴

渔猎和畜牧是契丹人早期的两个主要生产门类，而头鱼宴、头鹅宴就是同渔、猎相联系的契丹名宴和盛典。按照契丹风俗，每当冬去春来、江河解冻之前，皇帝要在群臣的护卫下到春捺钵（详后）地，如达鲁河边、混同江畔等凿冰钩鱼、放飞鹰鹘、捕捉鹅雁，头鱼宴和头鹅宴便在这个季节里举行。

先说头鱼宴。

契丹人擅长采用一种独特的方法捕鱼，称作“钩鱼”。钩鱼通常在冬、春之交进行，这时江河还没有解冻，是凿冰钩鱼的最好季节。人们在这个季节里来到冰上，用事先准备好的工具将冰层凿个洞，在冰层下水中游动的鱼为了透气，就会集中到被凿开的冰洞口，捕鱼者乘机将鱼钩出来。契丹名宴头鱼宴，就是基于这个生产风俗而形成的。

至于“头鱼”到底是什么意思，史料中有不同的解释。有的说头鱼就是牛鱼，又称鲟鱼，其大如牛；或者说它很贵，相当于一头牛的价值；也有人认为这个说法不对，因为明朝李时珍的《本草纲目》中既有鲟鱼，又有牛鱼，说明它们不

辽张世卿墓壁画“备宴图”（局部）

是同一种鱼。此外，还有的说头鱼就是最先钩到的鱼，当然也含有大的意思。大约后一种说法比较近实。

头鱼宴是一种规格很高、相当隆重的盛典。辽兴宗重熙二十三年（1054），北宋吏部侍郎王拱辰出使辽国，兴宗在混同江边接见并设头鱼宴款待他。每当钩得一条大鱼，兴宗都要劝王拱辰饮酒、食鱼，并亲自为他弹琵琶助兴，友好亲切，场面动人。天庆二年（1112），辽天祚帝去春州，到混同江边钩鱼。按照制度，千里之内的生女真首领都要定期来朝，这次恰逢头鱼宴，因此更加隆重。当酒至半酣时，天祚帝命各酋长依次起舞，唯有阿骨打（后来的金太祖）推辞不舞，天祚帝再三要他起舞，阿骨打就是不从，惹得天祚帝十分恼怒。事后，天祚帝对枢密使萧奉先说："前天头鱼宴上，阿骨打意气雄豪，桀骜不驯，我们干脆找个借口把他杀掉算了，否则必生后患。"萧奉先说："阿骨打本是个粗人，不知礼义。如果没有大过就把他杀了，恐怕会伤害各部落的向化之心。即使他有异志，女真不过是个蕞尔小国，成不了什么气候，还是不杀为好。"天祚帝听了萧奉先的一番话，才打消要杀阿骨打的念头。明清之际的彭孙贻有"搏熊生刺虎，猛士捷无伦。犹向头鱼宴，生憎不舞人"（见《茗斋集》卷二十一《读史十一首》）的读史诗，说的就是这个故事。

从相关史料、诗文的记载，对契丹头鱼宴可以大致归纳出如下几点：

一、头鱼宴是在一年之始的春季举行，契丹人有以钩鱼多少来占卜年成好坏的做法，头鱼宴表达了契丹人在新的一年里对获得丰收的期盼。

二、头鱼宴的内容，包括祭祀天地祖宗、饮酒、奏乐、舞蹈等仪式。

三、头鱼宴是辽朝的盛典，除皇帝外，只有贵族、近臣及外国使者才有资格参加。

再说头鹅宴。

头鹅宴的季节，稍晚于头鱼宴。据《辽史·营卫志中》载：每当江河化冻的时候，群臣扈从皇帝来到河边扑捉鹅雁。先由侍臣敲击扁鼓，惊起水中的鹅、鸭，然后放飞一种叫“海东青”的名鹰，捕捉鹅、鸭；或者先由皇帝用弓箭亲自射

辽墓壁画“臂鹰出猎图”（内蒙古敖汉博物馆藏）

鹅。每当射得头鹅后，先用来敬天地、祖宗，接着君臣纵饮。有时还要把鹅毛插在头上，以此为乐。宋代诗人姜夔（白石）《契丹歌》有“一鹅先得金百两”句。射得头鹅者，能够得到上百金的重赏，头鹅宴的隆重就可想而知了。不仅如此，有幸得到头鹅者，还能加官晋级。道宗时，鹰坊使耶律杨六在一次头鹅宴上因获头鹅，被提升为工部侍郎；宰相耶律仁杰，也曾因获头鹅而加官侍中。

辽朝灭亡后，契丹的头鱼宴、头鹅宴风俗，部分地被金、元沿袭下来，只是其盛况远不及辽朝了。

据《金史·礼志四》“荐新”载，在一年十二个月里，分别用应时的菜蔬、瓜果、禽兽、鱼类等献于太庙，祭奠祖宗。正月用鲔，章宗明昌间改用牛鱼，无牛鱼时，则以鲤鱼代替。宋人程大昌《演繁露》“牛鱼”条记载：金初，有宋朝使者出使金国，女真皇帝设宴，并赐给使者以鱼，还说是他亲手所钓，“金亦用辽制也”。显然，这是头鱼宴的遗意。不过，程大昌不谙辽、金制度，把钩鱼说成钓鱼。

金朝对头鹅的重视甚于头鱼。大定四年（1164）正月，世宗获头鹅，遣使奉献给祖陵，从此成为固定的制度。著名文学家赵秉文《春水行》诗云：

光春宫外春水生，驾鹅飞下寒犹轻。
绿衣探使一鞭信，春风写入鸣鞘声。
龙旗晓日迎天仗，小队长围圆月样。
忽闻叠鼓一声飞，轻纹触破桃花浪。
内家最爱海东青，锦鞲掣臂翻青冥。
晴空一击雪花堕，连延十里风毛腥。

初得头鹅夸得隽，一骑星驰荐陵寝。

欢声沸入万年觞，琼毛散上千官鬓。

（《闲闲老人滏水文集》卷三）

赵沨（字黄山）也有诗云：

驾鹅得暖下陂塘，探骑星驰入建章。

黄伞轻阴随凤辇，绿衣小队出鹰坊。

搏风玉爪凌霄汉，瞥日风毛堕雪霜。

共喜园陵得新荐，侍臣齐捧万年觞。

（《归潜志》卷八）

赵秉文、赵沨这两首诗的背景相同，都是描绘金章宗射鹅、雁的情景：在行宫外的水泊里，有许多野鹅游弋，章宗在臣僚的护卫下来到水边。侍从敲打扁鼓，惊起水中野鹅，章宗便放起海东青擒捉鹅、雁，或者用弓箭射向天上的鹅、雁。鹅、雁被擒捉或射中后，羽毛从空中纷纷飘落下来。这时，先将头鹅献给祖陵，祭奠祖先，称为“荐新”。然后，群臣山呼万岁，君臣共饮。这同《辽史·营卫志中》所记载的契丹头鹅宴情景是一致的。

到了元代，从一些礼仪中仍然可以看到头鹅宴的遗风。元明之际的陶宗仪《南村辍耕录》卷一“昔宝赤”条说：昔宝赤是鹰坊的执役者，专门喂养海东青，获头鹅者，赏黄金一锭。“头鹅，天鹅也。以首得之，又重过三十余斤，且以进御膳，故曰‘头’”。据陶宗仪的解释，头鹅是指首先射得，而且又大者（超过三十斤）。叶子奇也说：“海东青，鹘（鹰

茶图”（《宣化辽墓壁画》，
㓊出版社2001年版）

宴图”（《宣化辽墓壁画》，
㓊出版社2001年版）

“弘历哨鹿图”（局部），清郎世宁

隼）之至俊者也……其物擅擒天鹅，放飞时，旋风羊角而上，直入云际。能得头鹅者，元朝官里赏钞五十锭。”（《草木子》卷四下）由此可见，元人仍有以海东青擒捉天鹅，用天鹅进御膳，得头鹅者可获重奖等礼俗。

及至明、清，似乎已不见头鱼宴、头鹅宴了，然而尚保存有皇帝在春季于水边捕捉鹅、雁的风俗。乾隆皇帝《平阳淀水围》诗云：

围期较略过头鹅，尚聚凫鹭此淀多。
漫颂川灵兹有效，由来祖制奉无讹。
应声乱落如飘雪，拾堕旋收仍蔽波。
小试可哉传罢猎，当春生意戒伤和。

（《御制诗集》三集卷十二）

大意说，当来到平阳淀时，已经稍稍过了水围的季节，然而这里的水鸟却很多，猎获不少鹅、雁，羽毛落满水面。不过，春天正是万物复苏的时候，小试一下就可以了，别破坏天地的和谐之气。看来，乾隆皇帝还颇有点环保意识。

辽国的酒与茶

契丹人像许多民族一样，很早就会酿酒。辽朝建立后，随着农业的发展、粮食产量的提高，饮酒风气的流行，推动了酿酒业的进一步发展。

辽国的酒，通常是用谷物发酵酿造而成的。尤其是东京（今辽宁辽阳）、燕（今北京）、云（今山西大同）等地区，农业基础较好，特别是到圣宗、兴宗时期，粮食产量增加，酿酒业获得很大发展。辽国的酒，除粮食酒外，还有配制酒和果酒。配制酒，是粮食酒加中草药配制而成，如菊花酒、茱萸酒等。果酒，如葡萄酒等。契丹贵族后裔耶律楚材写了许多咏葡萄酒的诗篇。从他的诗句“葡萄新酒泛鹅黄”（自注云:“白葡萄酒色如金波”）和“葡萄酒熟红珠滴”（《湛然居士文集》卷六《戏作二首》）中，可以知道当时的葡萄酒已有红、白之分了。

饮酒在辽朝礼仪和人们日常生活中占有很重要的地位。辽朝的各种庆典、仪式，如所谓吉仪（祭祀天神、地祇）、凶仪（丧葬）、军仪（军队出征）、宾仪（迎送邻邦使者）等，都离不开饮酒。北宋使者奉使辽朝，受到契丹皇帝酒馔宴请的事例很多。辽圣宗统和二十三年（1005），北宋派孙仅为使赴辽，祝贺圣宗母亲寿辰。当孙仅进入辽境后，便有刺史、县令、父老捧酒馔献于马前，百姓则焚香迎接，沿途店铺门前设水浆和番、汉食品，热情款待宋使。兴宗时，北宋王君贶出使契丹，兴宗邀请君贶在混同江观看钩鱼。当宋使告别时，兴宗设宴置酒，并对君贶说：“南北修好多年，恨不得亲见南朝皇帝兄，拜托你为我传一杯酒到南朝。”然后起来致酒，十分恭敬，并亲自把酒杯递给君贶。又亲自弹起琵琶，祝南朝皇帝千秋万岁。

辽国君臣在接待宋使时，留下不少佳话。兴宗时，北宋余靖曾两次出使辽朝，同兴宗有很好的友情。余靖通晓契丹语言文字，并能用契丹文赋诗。兴宗说，你能赋诗，我为你敬酒，余靖当场吟了一首亦庄亦谐、夹杂汉语和契丹语的七言绝句：

辽绿釉长颈盖壶（陈国公主墓出土）

夜宴设罢（原注：侈盛也）臣拜洗（原注：受赐也），

两朝厥荷（原注：通好也）情干勒（原注：厚重也）。

微臣稚鲁（原注：拜舞也）祝若统（原注：福佑也），

圣寿铁摆（原注：嵩高也）俱可忒（原注：无极也）。

（《契丹国志》卷二十四）

诗中大意说：我受皇帝恩赐参加如此盛大的夜宴，宋、辽两朝互相通好，情谊厚重。微臣起舞愿上苍保佑，陛下寿比南山万寿无疆。兴宗听了大笑，并为余靖敬酒。

兴宗重熙间，宋朝富弼奉使辽国，辽伴使（负责接待外使的官员）在馆驿中设酒宴为富弼接风。席间，照例要行酒令。辽伴使云："早登鸡子之峰，危如累卵。"富弼答云："夜宿丈人之馆，安若泰山。"辽伴使又云："酒如线，因针乃见。"富弼答曰："饼如月，遇食则缺。"（韦居安《梅磵诗话》卷上）对答如流，比喻巧妙，体现了他们对中国传统文化的素养，也反映出酒在宋、辽友好时期两国使臣交往中的

辽张匡正墓壁画"备茶图"（局部）（《宣化辽墓壁画》，文物出版社2001年版）

作用。

饮酒不仅是朝廷庆典、仪式中不可缺少的内容，也是朝野日常生活中，特别是节日里的风俗。比如，中原的上巳（三月三日）节也传到了辽国，不过风俗不同。契丹有在上巳“以木雕为兔，分两朋走马射之”之俗（《契丹国志》卷二十七《岁时杂记》)。就是用木头刻成兔子形状，人们依次骑马而过，边跑边射，以先中者为胜。负者下马跪着饮酒，胜者则在马上饮酒。端午节，契丹同中原一样，有饮雄黄酒的风俗。重阳节，有饮菊花酒及登高、赏菊、插茱萸等风俗。清人陆长春《辽宫词》云:“叨赐天厨菊花酒，骆驼山上共登高。”史梦兰《辽宫词》云:“殿门新酒洒茱萸，射虎同随御马趋。”诗中形象地反映了契丹重阳节的饮酒、登高等风俗。

由于饮酒风行，在辽国的城镇、乡村随处可见饭店、酒肆。北宋苏颂使辽诗《奚山路》云:

> 行尽奚山路更赊，路旁时见百余家。
> 风烟不改卢龙俗，尘土犹兼瀚海沙。
> 朱板刻旗村肆食，青毡通幰贵人车。
>
> （《苏魏公文集》卷十三）

大意说，出使辽国的路途十分遥远，在进入中京界后，看见路旁有许多店铺、人家。有的店铺门口挂着木刻红招牌，那是店铺、酒肆用来招徕顾客的幌子。

酒事曾同一些政治事件联系在一起，在辽朝政治生活中发生过很大作用。契丹最初分八部，常推一人为王，每三年改选一次。到了阿保机时，他以中国（中原）无此制度为由，连任三届，仍不肯放弃这个位置。为了保住位置，阿保机设计，使人召集各部首领，说："我有盐池之利，供各部食用。然而各部只知食盐之利，而不知盐的主人，这样可以吗？你们应该一起来犒赏我。"各部首领听信阿保机的话，以牛、酒聚会于盐池。阿保机在各部首领到来之前，安排好伏兵，在酒酣之时，尽杀各部首领，统一八部，阿保机就是后来的辽太祖。辽穆宗耶律璟是以嗜酒闻名的昏君，他喜好游戏，不亲国事，常常通宵达旦地饮酒作乐，日中方起，国人戏称他为"睡王"。穆宗有时昼夜酗酒，竟长达十多天。他在位的最后一年，酗酒达到高峰，并导致身亡。应历十九年（969）正月初一，穆宗不受朝贺，在宫中宴饮。立春那天，又酗酒，一直饮至月终，不理朝政。二月，又外出打猎，因获一头熊，十分高兴，饮得酩酊大醉后，才返回行宫。当夜，穆宗的六名近侍谋反，将他杀害。正如《辽史·穆宗本纪下》中所说，"荒耽于酒，畋猎无厌"，"变起肘腋，宜哉"。穆宗由于整日沉湎于酗酒、畋猎，不理朝政，最终为身边人所害，是罪有应得。

从以上所述可见，饮酒无论在人们日常生活中，还是在朝野政治生活中，都是一项重要的内容。

饮茶，在朝野政治生活及人们日常生活中也是不可或缺的。我国自唐、宋以来，盛行饮茶之风。辽国地处北方，契丹人的生产方式以畜牧业为主，多食肉乳，而且那里蔬菜、水果较少，饮茶在生活中的地位尤其显得重要。辽国不产茶叶，人们所饮之茶，大都是从与北宋榷场贸易所得，也有一部分是邻境馈赠及走私进来的。

辽人饮茶与饮酒的场合大体相近。在朝廷一些重大典礼、

辽张匡正墓壁画“备茶图”（局部）（《宣化辽墓壁画》，文物出版社2001年版）

仪式中，茶与酒常常先后出现，在饮酒后，多有所谓“行茶”“行饼茶”等仪式。契丹人平时喝乳茶，是由茶、乳加盐煮成的，后来蒙古族的奶茶当来源于此。

辽国茶叶来自中原，他们的饮茶习俗却同宋人稍异。据宋人朱彧《萍洲可谈》卷一记载：按中原习俗，家里来了客人，“至则啜茶，去则啜汤”。所谓汤，通常是用含甘香味的中草药末煮成的，甘草尤其不可缺少，温饮、凉饮都可以。辽国风俗，则是先汤后茶，金人也是如此。后来清人有端茶送客之俗，大约就是沿袭了辽、金人的习俗。

辽银壶（陈国公主墓出土）

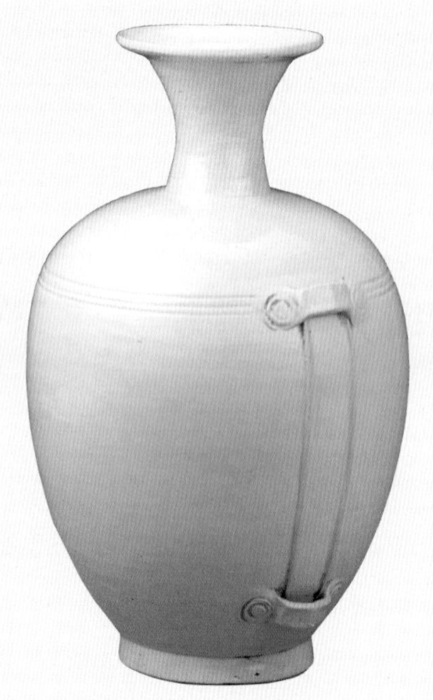
辽白口穿带白瓷瓶（内蒙古自治区文物考古研究所藏）

风格独具鸡冠壶

在契丹人的饮食器具中，最富民族和地方特点的，莫过于陶瓷制品鸡冠壶了。契丹人以畜牧、游猎为生，经常外出活动，为了解决喝水问题，要携带皮囊盛水，而鸡冠壶就是仿照皮囊容器烧制而成的盛水器具。

辽人所用的陶瓷器，大多由辽国本地生产，也有少量来自北宋的几个名窑。根据考古发现，已知辽国有多处瓷窑。如，内蒙古赤峰林东辽上京窑，以烧制白和黑釉瓷器为主，也烧少量的绿釉陶瓷。林东南山窑，以烧制三彩釉陶瓷为主。林东白音戈勒窑，专烧茶叶末绿釉和黑釉大型粗瓷器。赤峰缸瓦窑，以烧白瓷为主，也烧三彩及单色釉陶器，有鸡冠壶等。此外，还有辽宁辽阳江官屯窑、北京龙泉务窑等。辽代陶瓷造型，可分中原形式和契丹形式两大类，而鸡冠壶及长颈瓶、凤首瓶、鸡腿瓶等，就属于契丹形式。

鸡冠壶之名不见于古代文献记载，是20世纪30年代由著名考古学家李文信命名的，被一直沿用下来。李文信先生将鸡冠壶划分成五种类型，即扁身单孔式、扁身双孔式、扁身环梁式、圆身提梁式、矮身横梁式。

扁身单孔式：这种壶上扁下圆，肥身平底，上有鸡冠状单口鼻。壶身是仿照两大皮页、下加圆底缝合成的皮囊形状。为辽代早期的形式。

扁身双孔式：壶呈扁体形，上薄下厚，双孔，一口在鸡冠中，一孔在口旁，是仿照两大皮页中加条幅缝合而成的皮囊形器。

扁身环梁式：壶作扁圆体，高身圈足，口无颈，高环梁，器身有皮条、皮扣装饰。

圆身环梁式：高身圈足，长管状壶口，提梁有指捏文饰，是鸡冠壶中较普通的一种，盛行于辽代晚期。

矮身横梁式：壶为圆体矮身，平底，上有管口和横曲提梁，壶身有皮条缝合装饰。

一般认为，鸡冠壶属于契丹民族所使用的一种容器。令人费解的是，迄今所发现最早的鸡冠壶，却出自唐代中原地区，如何解释这一现象呢？

有人认为，鸡冠壶最初起源于唐代中原地区，辽代传入契丹并被大量仿造，从而成为契丹特色的用品。

有人则提出异议，认为这里有一个不容忽略的现象，就是唐代鸡冠壶的外形及装饰都酷似皮囊，暗示着这种容器很可能起源于皮囊壶，因此使人们很自然地将它同北方草原那些以皮革制作容器的马背民族联系起来。唐代鸡冠壶从外形上酷似皮囊，表明这种容器是对游牧民族皮革容器的仿制品。从鸡冠壶的使用渊源来看，唐朝以前和以后，它已在中原成百上千种容器中消失，而在辽代游牧民族中却大量涌现，进一步证实了鸡冠壶原本就不是中原容器。虽然偶尔出

辽双首羽人纹黄釉提梁鸡冠壶（内蒙古自治区文物考古研究所藏）

辽双猴绿釉鸡冠壶（内蒙古翁牛特旗博物馆藏）

现，最终还是因不属于中原文化范畴而被淘汰。契丹和奚早在唐初便归属唐朝，唐和契丹、奚友好关系的确立，为唐文化和草原文化的交流创造了条件，一些契丹和奚人还以各种身份留居中原，因此，契丹和奚的草原文化也很可能对唐朝产生过一定的影响，他们所携带的皮革制鸡冠壶也由此引起中原人民的关注，一些陶瓷和金银器工匠用硬质材料仿制鸡冠壶是完全可能的。那种以考古发现时代最早的鸡冠壶属唐代而论证其起源于唐，其理由是不充分的。唐代的鸡冠壶是按皮囊壶形状仿制的，至少说明在瓷器和银器仿制鸡冠壶之前，还流行一种皮革制作的鸡冠壶，它才是鸡冠壶的原型。由于皮革制作的鸡冠壶易于腐烂，不能长久保存，使早于瓷、银制品的皮制品不能留存下来，而使一些不腐烂的其他质地制品留存至今，于是给人们一种本末倒置的错觉。

辽人饮食特点

契丹肇兴之初，渔猎、畜牧和农业是契丹人获取生活资料来源的三大生产门类。

契丹人的饮食，与同时期的中原汉人相比，较为粗放、单调。

辽上京萧氏墓侍宴图浮雕

马、牛、羊乳及其制品，是他们的主要食品和饮料。乳品有乳酪、乳粥等。乳酪是由马、牛、羊乳炼制而成的。乳酪营养丰富，又好保存，是契丹人居家、待客的常备食品。乳粥是用马、牛、羊乳加野菜等熬煮而成。北方生产蔬菜的季节较短，人们多在收获季节里将蔬菜、野菜晾干后保存起来，冬天煮乳粥用的菜，就是夏、秋时晒的干菜。宋人出使辽国的行程录和诗词中，常常提到辽人用乳粥款待他们，说明乳粥是契丹人习见的待客食品。契丹人的米、面食品也较简单，米食有粥、炒米等。炒米、炒面之类，制作简单，易于携带，是游牧、行军最好的方便食品。面食有馒头、饼、点心等。如端午节，辽人有食艾糕的风俗，艾糕用面加艾叶做成，这一风俗应该是由中原传入的。

肉食是契丹人日常生活中的主要食品，其食用方法，不外生食、烧烤及水煮。

生食是最原始、简易的方法。辽代的契丹、女真人都有生食动物肉的习惯。契丹皇帝在九月九日重阳节有围猎、登高、饮菊花酒等活动，宴饮时，以生兔干、鹿舌拌酱佐餐。辽代女真擅长捕鹿，捕获后，常常生吃鹿肉。其实，这时契丹、女真人已经学会用火，大约是由于长期形成的习惯，或觉得生食鲜美，所以仍保留有生食肉类的习俗。

辽彩绘木板画“牧牛图”（内蒙古林西县文物管理所藏）

烧烤，是契丹人食肉的另一种方法。

水煮，也是契丹人外出打仗及日常生活中最常见的肉食加工方法。当他们在外作战物资不能及时供应时，兵士常常煮马驹、野菜充饥。在辽墓壁画中留下了契丹人煮肉的情景。如，内蒙古巴林左旗白音敖包辽墓壁画有契丹人“割肉图”，在一个髡首契丹人的面前，放一个椭圆形大木浅盆，盆旁有一长方形木盘，契丹人左手拿蹄肘，右手用长刀割肉，刀上已割下一长条肉片，刀下有已割下的数块肉片。内蒙古敖汉旗辽墓壁画的契丹“烹饪图”，也生动地描绘了契丹人煮肉的场面。图中心有一个较大的三足锅、三个小锅，大锅中盛着动物蹄肘之类，锅下柴火在燃烧。身着黑衣的主人坐在一旁，三个仆人正在忙碌着。一人口中叼着刀，两手在动作着。一人在往锅下续柴火，另一人在用手指点。又如，敖汉旗康营子辽墓壁画中，一人调鼎鼐，一人前有三足铁锅，在煮畜头、蹄肘、雁头等。小桌上放置杯、盘等物，桌旁还有长颈罐，是一幅生动的煮肉、备食场景。

有人据此判断，契丹人发明了火锅食法及辽代民间盛行火锅涮肉。关于火锅的起源，目前说法不一，有东汉说、三国说、隋代说及源于蒙古族、满族说。这个问题一时不易说清楚，因为对水煮肉片和火锅涮肉的界限是很难严格区分的。不过，现今依然盛行的火锅食法，最早起源于北方游牧民族当在情理之中。

对中原汉人饮食文化的吸收与借鉴，是辽人饮食的另一明显特点。

随着辽朝社会经济的发展，与北宋交往的增多，同汉人的接触日益频繁，契丹对汉族饮食文化的借鉴与吸收成为普遍的现象。以节日饮食习俗为例，辽朝的许多节日、节气，如正旦、元宵节、立春、人日、中和、上巳、端午节、夏至、中元、中秋节、重九、冬至等，都源于中原，其饮食风俗也多受中原影响。如，人日（正月初七），北朝和唐代有食煎饼之俗，契丹也有此俗。上巳（三月三日），汉、魏、隋、唐以来，文人喜欢在这天集会于水滨，饮酒赋诗。唐玄宗于三月三日赐宴曲江池，饮酒、赋诗。辽兴宗也曾效唐玄宗曲水流觞故事，于重熙五年（1036）四月（因北方天冷，晚于中原）到皇后弟弟萧无曲家曲水流觞赋诗。此外，辽代朝廷庆典及皇室、贵族上层社会生活，也深受中原礼仪和汉族饮食文化影响。

契丹人的饮食文化对境内汉人和其他族、邻境及后世都有一定的影响，尤其是契丹的头鱼宴、头鹅宴，在不同程度上为后来的金、元所承袭。

金人的面食

女真人在很早就有了原始农业，金朝建立以后，采取一系列发展农业的政策，女真“内地”的耕地面积逐渐扩大，到金代中期以后，黑龙江地区的农业已经有了很大发展。至于原来基础较好的今东北中、南部地区的农业，也都有了不同程度的发展。东北地区气候寒冷，无霜期短，谷物种类较少，主要有黍、穄（糜子）、荞麦、粟等。燕、云地区（今北京、天津、河北、山西一带），谷物种类较多，在辽、金之际，已经是稻、粱之类应有尽有了。金国西部地区（今陕西一带），谷物种类也显单调。而南部地区（今河南、山东一带），出产麦、稻等，产量较高。

女真人早期的食品，以炒米、炒面之类居多，其制作简单，携带方便。还有用小米（粟）做的粥、饭。后来，面食逐渐成为日常生活中的主要食品，种类也愈来愈多，有馒头、炊饼、胡饼、汤饼、扁食等。

馒头。

古时候馒头有馅，犹如后来的包子。金朝有一个性情残暴的武将，叫纥石烈牙忽带，他曾召集几名部将携妻子到家

金代的三足缶（《金源文物图集》，哈尔滨出版社2001年版）

北京石景山金墓壁画中手托食物的侍者（《金中都遗珍》，北京燕山出版社2003年版）

中宴饮，请大家吃猪肉馅馒头。其中，有一部将之妻说，平时不吃猪肉，纥石烈牙忽带遂令左右换了馒头。待吃过后，问她吃的是什么肉？她说："羊肉，很好吃。"纥石烈牙忽带笑着对她说："你不吃猪肉而吃人肉，是什么道理呀？方才你吃的不是羊肉，而是人肉。"那人听了，胃口大坏，呕吐一番，病了好几天。金、元时期诸宫调《董解元西厢记》卷二，有一句道白："开门但助我一声喊，戒刀举把群贼来斩，送斋时做一顿馒头馅。"是说要把群贼杀死，用来做成馒头馅。虽然故事背景为唐代，但作品中的习俗则是反映作者生活时代的。

饼。

金代常见的饼，有炊饼、烧饼、胡饼等。炊饼，又称蒸饼，即后来的馒头。据说最初是因避宋仁宗赵祯（祯与蒸音近）的讳，才改称蒸饼为炊饼的。（见吴处厚《青箱杂记》卷二）胡饼，是烤成的面饼，即烧饼之类。最早源于西域，故称胡饼。烧饼是日常生活中常见的主食。靖康间，宋范熊使金，不听金人劝降，金人绝其粮食，有燕人见他可怜，于是就偷偷送牛肉、烧饼等给他吃。傅雱《建炎通问录》中谈到有所谓"油面煎果"（见《三朝北盟会编》炎兴下帙十），大约如后来的炸油饼、炸馒头之类。

汤饼。

汤饼，即汤煮面食，一种很简易的食品，就是面条、面片一类。元好问《续夷坚志》卷一载，有个名叫王中立的人，家境富有，客人满门，接待极为丰盛，而自奉节俭，每日仅吃淡汤饼一杯而已。

馄饨、扁食（饺子）。

金定窑刻花葵瓣碗（首都博物馆藏）

金錾花葵瓣形金盘（北京西城区月坛南街出土）

天会四年（宋靖康元年，1126），金人攻汴京（今河南开封），宋徽宗赴青城，向金兵奉表请降，金人按照皇帝的规格，做馄饨给他吃，据说这是金人的“御膳”。大约是因为宋徽宗的内侍已多日不曾吃到这等食品，于是争相抢着吃，金人看了之后说:“真是罪过！还没等皇帝吃，你们怎么抢着吃了起来！”金人虽已能做馄饨、扁食等，但还不多见。

及至中原入金之后，北宋汴京一带的各种食品，大都保留下来，成为金代饮食的一个组成部分。南宋楼钥在《北行日录》中，记载他出使金国时，在金人款待他的席间，有“松子糖粥、糕糜、裹蒸蜡黄、批羊饼子之类，不能悉记”（见《攻愧集》卷一一一）。还有“肉油饼”“饼子”“灌浆馒头（大约就是后来有名的开封灌汤包）”“粟米水饭”等。周辉出使金国，路经泗州，那里的面食有“荡羊饼子”“灌肺油饼”“枣糕面粥”等（见《北辕录》）。

糕点。

随着女真社会生产力的提高以及同汉人接触的增多，他们的食品制作也逐渐精细起来。辽、金之际，在辽东的女真和汉人食品中已有蜜糕、松糕等。《松漠纪闻》卷上载，松糕的制法，是把松子、胡桃肉等用蜂蜜浸泡，再和以糯米粉，制成方形、圆形或其他形状，大略如浙中宝塔糕。赵秉文有一首《松糕》诗，大意说，用松木可做扇子，以其汁液能酿酒，而松子可做松糕。先将松子捣碎，和水煎熬，加蜜，制成饼状，呈紫红色，其味甘美无比。诗中还写道“斋粉不我逃”，诗人连掉下来的糕点渣都不放过，可见松糕是多么好吃（见《闲闲老人滏水文集》卷三）。据诗中描述，大体与《松漠纪闻》所载蜜糕相似，也许说的是同一种糕点，是当时人们十分喜爱的食品。

周煇渡淮入金国境，在泗州馆舍，晚餐供应的点心，是用蜜和面油煎而成的，依其形状，称为“金刚镯”“银铤”“鸡肠”“西施舌”等，这些点心，都深得金人的喜爱（见《北辕录》）。

金人酒事

女真的先世——靺鞨就有“嚼米为酒”的习俗，这种酒喝了能够醉人。女真人最晚于景祖乌古乃时，已掌握了酿酒技术。金朝建立后，因袭辽、宋旧制，由国家管理酒的酿造和销售。

金国的酒，有粮食酒、果酒、配制酒等，其中以粮食酒为主。

辽、金时期，燕京（今北京）一带所产的粮食酒很负盛名，人称“燕酒名高四海传”。燕酒中尤以金澜（又作“澜”）酒最为有名，据说这种酒极为醇厚，是用“金澜水”酿造的。（见周辉《北辕录》）

金太宗攻下北宋汴京后，掳获大批匠人和物品北还，其中包括酿酒匠人及酒。这些酒匠自然也将中原的酿酒技术带到了金国，大大丰富和提高了那里的酿酒工艺。

原来北宋四京及北方各路所产名酒，见于文献记载者，不下一二百种。如醁醽、琼酥、瑶池、兰芷、重酝、琼浆、流霞、仙醪、金波、莲花、杏仁，等等。入金后，这些名酒中除后妃家酒外，有相当数量会被保留下来，周辉《北辕录》记

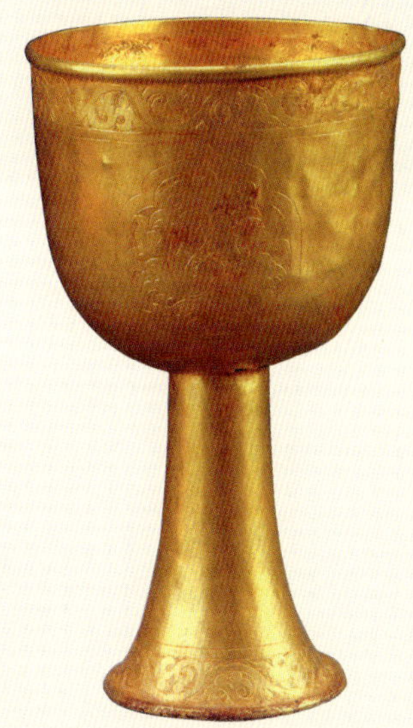

金錾花高足金杯（北京西城区月坛南街出土）

金青釉葫芦式执壶（首都博物馆藏）

金褐釉鱼纹罐（北京辽金城垣博物馆藏）

载，他在相州（治今河南安阳）看到翠楼、秦楼都卖酒，并且高悬招幌“十洲春色”，这是一种酒名。从以上众多并富有文化内涵的酒名也可以想见宋、金时期我国北方酒文化的发达。

金国的配制酒，是以发酵原酒、蒸馏酒或酒精加入动植物的芳香物料、药材等配制而成。前面提到的许多酒中，有相当数量属配制酒。金人常以酒加中药或水果等饮用。蔡松年《念奴娇》词序说：有一天外出，道逢卖灯者，晚至一人家，饮橙酒。词中有“玉色橙香，宫黄花露，一醉无南北”句（《萧闲老人明秀集》卷三）。

金国的果酒，主要为葡萄酒。一般认为，我国葡萄酒是汉代从西域传入葡萄后才出现的。当时葡萄尚无大量栽培，因此还只供作为水果食用。大约到东汉后期，内地能试酿发酵葡萄酒了。当时可能是采用西域的无麯发酵法酿造，与中原传统的麯蘖法有所不同。唐、宋以后，葡萄酒在我国已经比较通行了。不过，在金国境内的许多地方，人们还不会用葡萄酿酒。元好问《蒲桃酒赋》序载：一位朋友对他说，我的家乡安邑（今山西运城东北）盛产蒲桃（葡萄），而人们不知有酿酒法。贞祐（宣宗年号，1213—1217）中，一家邻里，从山中避贼寇回家，见盆里所贮藏的蒲桃，枝蒂已干，而汁流在盆中，有浓浓的酒气。尝过之后，真是好酒。这是蒲桃因日久而腐败，自然成酒。元好问说：“世无此酒久矣。”还说：曾见还自西域者向他讲述当地酿造葡萄酒的方法。“大石（大食）人绞蒲桃浆封而埋之，未几成酒，愈久者愈佳。有藏至千斛者。”（《遗山先生文集》卷一）与上述方法也相吻合。从以上记载可知，当时金人一般不知用葡萄酿酒，虽然有人在偶然的机会中发现了酿造葡萄酒的方法，但似乎没有得到推广。

金国各族人在许多场合，如男女婚嫁、将士出征、朝廷大典、皇帝恩赏、岁时节日及祭祀天神、祖宗等，都离不开饮酒。

至于文人与酒，更有不解之缘，饮酒与赋诗常常密不可分。

金国文人常以诗酒排遣愁绪，抒发感情。金初，南宋一些使臣被金羁留，他们饮酒赋诗，表达对故国的怀念。如，宇文虚中《又和九日》:“强忍玄猿泪，聊浮绿蚁杯。”（《中州集》卷一）玄猿，黑色的猿，叫声凄厉。古代文人的诗、词、赋中，常常把这种叫声称为猿啸、猿啼、猿泣等。绿蚁，指酒面上的泡沫，为酒的代称。由宋仕金的高士谈《庚戌元日》诗云:“旧日屠苏饮最先，而今追想尚依然。故人对酒且千里，春色惊心又一年。”（同上）他们都是以诗酒来表达对故国的思念。

文人嗜酒，被时人视为倜傥落拓、放浪不羁的表现。张珏（伯玉）为人豪迈，放荡不羁，年轻时常与李纯甫饮酒于燕（今北京）市。麻九畴有诗咏张珏云:“日日饮燕市，人人识张胡（张珏绰号）。西山晚来好，饮酒不下驴。”又有王权（士衡），常“酣饮放歌，人以为狂”（《归潜志》卷二）。甚至和尚也不受清规戒律的约束，有个叫德普的和尚，时常与士大夫交游，饮酒吃肉，十分豁达。

饮酒还常常是文人赋诗、论文、会友的媒介，同时也启发了不少诗人的灵感，从而创作出千古流传的名篇佳作。金初，吴激《人月圆》、宇文虚中《念奴娇》等令人回肠荡气的名篇，都是同酒宴相联系的。宋朝使节洪皓在金国羁留期间，曾赴张总侍御家宴，席间，有侍儿陪酒，其中一人，仪态可

金磁州窑罐

金白釉铁花龙凤纹罐（黑龙江依兰出土）

怜，问其原因，她说自己本是宋国宣和殿的宫女。翰林直学士吴激遂填词一阕《人月圆·宴张侍御家有感》，词曰：

> 南朝千古伤心事，犹唱《后庭花》。旧时王谢，堂前燕子，飞向谁家？　偶然相见，仙肌胜雪，云髻堆鸦，江州司马，青衫泪湿，同是天涯。

南朝本指陈，陈后主曾制乐府《玉树后庭花》，而“旧时王谢，堂前燕子”，则是化用唐刘禹锡《乌衣巷》“旧时王谢堂前燕，飞入寻常百姓家”诗句。最后，化用白居易《琵琶行》“同是天涯沦落人”和“江州司马青衫湿”诗句。翰林学士承旨宇文虚中，在席间也作《念奴娇》一首，词中云：“宗室家姬，陈王幼女，曾嫁钦慈族。干戈浩荡，事随天地翻覆。”（《归潜志》卷八）

金朝的皇帝也留下一些与诗酒有关的诗词。海陵王完颜亮《鹊桥仙·待月》有“停杯不举，停歌不发，等候银蟾出海……”（岳珂《桯史》卷八）写他暂时停下饮酒、唱歌，静静等待月亮（银蟾）出来。金章宗曾命妃子用手切开金黄色的橙子，以橙子皮为酒杯，陪他共饮。章宗为此填词一阕，名《生查子·软金杯》。词云：

> 风流紫府郎，痛饮乌纱岸。柔软九回肠，冷怯玻璃碗。 纤纤白玉葱，分破黄金弹。借得洞庭春，飞上桃花面。（《归潜志》卷一）

形象地描写了妃子用纤纤玉手拨开黄橙，斟上“洞庭春”酒，喝得面如桃花的情形。

金白釉铁花四系罐（黑龙江阿城出土）

金国无论是在喧闹的城市，还是在僻静的村庄，都可以见到酒楼、酒肆。酒楼，是指城市中兼营餐饮、娱乐的楼馆。其顾客上自达官，下至平民。酒肆，是指在城镇、乡间、道旁开设的小食店、小酒馆。

在今山西繁峙岩山寺曾发现绘于金正隆、大定间的壁画，其中绘有一座酒楼，楼内座客满堂，有饮酒品茶的，有说唱卖艺的。楼外则有叫卖饮食的小贩，或手把，或肩挑，或摆摊，或推车，等等，场面十分热闹。

“学得南人煮茶吃”

我国自唐、宋以来，饮茶已经成为人们日常生活中的一项重要内容。

金国地处北方，本不产茶，金人所饮用的茶叶，主要来源于同南宋的榷场贸易及南宋“岁贡”等。金朝和南宋自绍兴和议后，双方设置榷场，进行贸易。南宋方面，先后在盱眙、光州、枣阳、安丰军花靥镇等地设置榷场。金国方面，在蔡、泗、唐、邓、秦、巩、洮州，凤翔府置榷场。至海陵王攻宋，一度罢淮北、陕西等地的榷场，唯有泗州如故。茶叶是金、宋榷场贸易中的重要商品之一。南宋奉使金国的使臣，也往往以茶作为礼物献给金朝皇帝。如天会三年（宋宣和七年，1125）许亢宗使金所携礼物即有“芽茶”三斤，傅雱于建炎三年（1129）使金，所携礼物有“腊茶”。倪思于绍熙二年（1191）使金，几次向金人赠送上等建茶、花夸茶、密云龙茶、龙团、凤团、小龙茶等。

由于茶主要从与南宋贸易得来，所以显得很珍贵。洪皓《松漠纪闻》卷上载，女真人婚嫁时，酒宴之后，“富者瀹建茗，留上客数人啜之，或以粗者煎乳酪”。在宴席上，酒是所

《斗浆图》，南宋佚名

有宾客同饮的，而茶却仅留几位上等客人品尝，其珍贵程度就可想而知了。

金国茶叶主要来源于南宋，其煎饮方法、饮茶习俗等，也与南宋大体相同。刘迎《淮安行》云:“里闾风俗乐过从，学得南人煮茶吃。”(《中州集》卷三）就是说淮安一带随着金、宋双方榷场贸易的开展，南宋的饮茶习俗也被金人接受，并且逐渐成为风尚。

宋人饮茶，分片茶（腊茶、团茶、饼茶）和散茶（草茶）两大系列。片茶产于四川、福建（主要是建安一带），草茶产于两浙。金人所饮之茶，其珍贵者为建茶。如前引《松漠纪闻》说“富者瀹建茗”。《董解元西厢记》卷四:“只怕我今宵磕睡呵，先点建溪茶。”金人刘著《伯坚惠新茶绿橘》诗有“建溪玉饼号无双”(《中州集》卷二）句。看来建茶是最受金人欢迎的。

饮茶方法，大体也和宋人相同。饮团茶，需先经研磨，然后煎煮。王喆《和傅长老分茶》诗："采时惟我识根源，碾处无人知品格。"(《全金诗》卷十）宇文虚中《郊居》："茶铛药灶静中忙。"(《中州集》卷一）刘铎《渑池驿舍用苑极之郎中韵》："永夜如何得消遣，新诗吟罢自煎茶。"(《中州集》卷七）刘昂有"倚炉空听煮茶声"(《中州集》卷四刘昂小传）句。这些诗句都说明，片茶要经研、煮，与后来直接用沸水冲泡不同。

从北宋时兴起来的饮茶方式——"斗茶"也传到了金国。斗茶是比赛茶的好坏，对于茶具、煎水及茶饼要求更高。其煎、饮方法也跟从前有所不同。斗茶是先煎水，而把茶末直接放在茶盏中，然后用煎好的水注入茶盏，又称点茶、分茶。宋代诗人杨万里有诗云："分茶何似煎茶好，煎茶不似分茶巧。"这里将"分茶"与"煎茶"区别开来，应指斗茶。《金虏节要》说熙宗自幼接受汉文化熏陶，喜好"分茶、焚香"，王喆有《和傅长老分茶》诗，都说明宋人的"分茶"方式传到了金国，并逐渐在上层社会流行起来。

饮茶在金国各族及各阶层中都很盛行，《金史·食货志四》称，"上下竞啜，农民尤甚，市井茶肆相属"。

金朝前期，女真人饮茶被视为接受汉化的表现，以致熙宗因喜好"分茶、焚香"，被一些女真旧功大臣说成是"徒失女真之本态"。

僧人道士多以饮茶为雅事。全真道士祖师王喆《咏茶》诗："茶，茶。瑶萼，琼牙。生空慧，出虚华。清爽神气，招召云霞。正是吾心事，休言世味夸。一杯唯李白兴，七碗属卢仝家。金则独能烹玉蕊，便令传透放金花。"又，《和傅长

金银质执壶（黑龙江阿城出土）

金玉壶春瓶（黑龙江阿城出土）

老分茶》诗云："坐间总是神仙客，天上灵芝今日得。采时惟我识根源，碾处无人知品格。尘散琼瑶分外香，汤浇雪浪于中白。清怀不论死生分，爽气每嫌天地窄。七碗道情通旧因，一传禅味开心特。荡涤方虚寂静真，从兹更没凡尘隔。"（《全金诗》卷十）王喆认为，饮茶可以令人清爽开心，摒除虚华，符合道、佛追求的境界。两首诗中的卢仝"七碗"，是历来谈茶事常常引用的典故。唐代诗人卢仝咏茶诗中有一首《走笔谢孟谏议寄新茶》："一碗喉吻润，两碗破孤闷。三碗搜枯肠，唯有文字五千卷。四碗发轻汗，平生不平事，尽向毛孔散。五碗肌骨清，六碗通仙灵。七碗吃不得也，唯觉两腋习习清风生。"在卢仝心目中，茶有润喉、解闷、启发灵感、消除抑郁等功效。

有些文人喜欢以茶代酒。蔡松年《石州慢》词序："毛泽民尝九日以微疾不饮酒，唯煎小团，荐以菊叶，作侑茶乐府，卒章有'一杯菊叶小云团，满眼萧萧松竹晚'之句。"其词云："天东今日，枕书两眼昏花，壶觞不果酬佳节，独咏竹萧萧，者云团风叶。”（《萧闲老人明秀集》卷二）就是说在九月九日重阳佳节，因无酒，遂以小云团茶加菊花烹而饮之。

茶同酒一样，可催生诗人激情，写出许多著名诗词。党怀英《青玉案》茶词，充分表达了作者对茶的陶醉：

> 红莎绿蒻春风饼。趁梅驿，来云岭，紫桂岩空琼窦冷。佳人却恨，等闲分破，缥缈双鸾影。　一瓯月露心魂醒。更送清歌助清兴。痛饮休辞今夕永。与君洗尽，满襟烦暑，别作高寒境。（《中州乐府》）

这首咏茶词，从茶的制作、运转，写到品尝的清兴，并把品茶与赏月联系起来，构思巧妙，联想丰富。后人评论说：“党怀英茶词：‘红莎绿蒻春风饼。趁梅驿，来云岭。’金国明昌、大定时，文物已埒中国，而制茶之精如此，胡雏亦风味也。”（杨慎《词品》）从党怀英这首茶词可以看出，作者认为茶有清心、助兴、解忧、消暑等多种功效，反映了金人对茶的认识。饮茶既然有如此神奇的功效，难怪要“上下竞啜”了。

金代饮茶之风愈演愈烈，茶叶消耗量不断增加。章宗泰和六年（1206）十一月，尚书省奏：茶叶并非必用之物，许多商旅多以丝绢换茶，每年耗费不下百万，是以有用而换无用之物。若不禁止，恐怕耗费越来越甚。于是规定：七品以上官员家庭才允许饮茶，但不得出售和馈赠。不应留者，按斤两治罪。八年七月，又有人说：茶叶本是宋土的“草芽”，用来换我国的丝、锦、绢等有益之物，实在不值得。至宣宗元光二年（1223），据省臣奏：今河南、陕西凡五十余郡，每郡一天食茶约二十袋，一袋值银二两，这样一年之中妄费民银达三十余万两。朝廷官员纷纷要求禁茶，规定饮茶者的范围，不得随意储存、馈献和出售茶叶。金朝官员说茶是无用之物，实属无知妄说，但金人饮茶成风，耗费大量财货，则是实事。

金国的饮料，除酒、茶、乳之外，还有汤。

金与辽一样，通常也是先汤后茶，茶罢送客，与两宋先茶后汤次序相反。金人所饮汤的成分如何，不见文献记载。根据宋、元人的饮汤资料，主要是以水加药材或蜜饯果品（如橙、木瓜等）制成。金人的汤饮，应与宋、元大体相同。金代一些医书中，也载有名目繁多的汤饮。这些用于医疗的汤，其中相当一部分具有保健功效，也可以当作日常饮料。如“金元四大家”之一刘完素著的《伤寒直格》《伤寒标本心法类萃》中，即有桂枝汤、十枣汤、栀子汤、桂苓甘露饮、半夏橘皮汤、五味子汤等。金元之际李杲的《兰室秘藏》中有：黄芪汤，可补胃除湿，和血益血，滋养元气；参术汤，治脾胃虚弱、元气不足、四肢沉重、食后昏闷等；葛花解酲汤，治饮食太过；人参饮子汤，治脾胃虚弱、气促气弱、精神短少；人参补气汤，治四肢懒倦、自汗无力；上清汤，可清利头目、宽快胸膈等。

金人饮食特点及影响

金代初期，由于女真社会发展落后于中原汉族，加之受自然环境、民族传统等影响，其饮食较为原始、粗陋。

金初，宋人马扩出使金朝，见到金太祖阿骨打在打猎途中所设御宴情景：君臣一同围坐在火炕上，每人端着饭碗，就着腌渍的野菜，另有猪、羊、牛、马、鹿、兔、鹅、雁等肉。或生食，或烹煮，或烧烤。各用佩刀，大块吃肉。稍晚于马扩使金的许亢宗所述太宗在上京宫廷中的“御厨宴”，则稍讲究一些，饮食器也较精制，但所食食品，与前大体相同，只是较之制作精细、味道调和而已。应该说，这反映了当时女真饮食的最高水平。宫廷中尚且如此，民间饮食就更为简陋了，是可想而知的。

食品加工也很简单，常常主副食不分，把半生米饭、生狗血、野菜之类搀合在一起吃。

由于北方天寒，生长蔬菜的季节较短，于是腌渍蔬菜就成为女真及北方各族人贮存、加工蔬菜的手段，是他们不可缺少的副食品。宋人马扩出使金朝，见阿骨打与诸酋长聚餐时，餐桌上除野兽、家畜、鹅雁、鱼虾之外，还有齑韭、野蒜、长瓜等，都是盐渍的（见《三朝北盟会编》政宣上帙四）。所谓盐渍醎韭，就是韭菜花；盐渍野蒜、长瓜等，就是咸蒜、咸瓜了。至今东北农村，仍有在秋天蔬菜收获季节腌咸菜、渍酸菜的习惯。

随着金朝社会的不断发展，生产力的提高，各族人的饮食也有所变化，出现了女真饮食汉化及汉人饮食部分女真化的风习。

金朝建国后，女真统治者大量任用汉人参政，仿效汉制，实行诸多政治改革。他们还把大批汉人从燕、云、汴京（今河南开封）迁往东北，又将许多女真猛安谋克户从女真“内地”迁入中原，形成女真人与汉人交错杂居的局面，为女真人汉化、汉人女真化及促进民族融合创造了条件。在生活方式上，他们也互相影响。如金熙宗就是较早接受汉族生活方式影响的皇帝，他“儒服、分茶、焚香”，无所不好，以致被一些女真贵族认为是已失去女真之本态。海陵王也喜好“象戏、点茶、延接儒生”（《大金国志》卷十三）。中原汉族的生活方式包括饮食文化，在女真“内地”已经十分风行了。

在女真饮食汉化的同时，他们的饮食文化对境内汉族，乃至邻国也产生了一定的影响。金世宗大定间，宋人范成大使金，路经北宋旧京（今河南开封），见到那里“民亦久习胡俗，态度嗜好，与之俱化”（见《揽辔录》）。说明金朝境内汉人与女真人生活方式的区别正在缩小。尽管范成大对北宋旧京风俗“胡化”表示惋惜，然而伴随各民族经济、文化交流的增加，他们的生活方式也互相影响，这是一个不可逆转的发展趋势。

山西繁峙岩山寺壁画中的磨坊图

其实，宋人的饮食结构也在发生变化。至南宋晚期，原来的南北饮食差别，已经不大。《梦粱录》卷十六“面食店”载：北宋时期的都城汴京，开设许多南食店，这是因为南方人不习惯吃北方饭菜。而南渡以来，已有二百余年，则“水土既惯，饮食混淆，无南北之分矣”。某些颇具北方风味的辽、金饮食，已经传到了中原以至更远的南方。

十二世纪至十三世纪间，不仅是在金朝境内，而且也是当时整个中国南北饮食文化大交流、大融合的时期。金代饮食对后世也产生一定的影响，有些吃食，至今仍然出现在北方的餐桌上。

西夏人的饮食

党项羌早期主要靠畜牧、狩猎为生。从六世纪末期，党项开始迁往内地，定居下来。由于生存环境的变化，同汉族接触增多，党项除了传统的畜牧、狩猎业外，也有了农业。特别是黄河内外地区，土肥水美，有发达的农业。那里的土地肥沃，盛产五谷，尤宜种植稻、麦。甘（治今甘肃张掖）、凉（治今甘肃武威）之间，以河水灌溉，兴（治今宁夏银川）、灵（治今宁夏灵武）则有唐来、汉源等古代人工渠，都是引自黄河。依赖灌溉之利，旱涝保收（见《宋史·外国列传·夏国传下》）。西夏的畜牧、狩猎和农业，为西夏人提供了衣、食、住、行之源。

西夏法典《天盛改旧新定律令》中，记载了许多关于西夏农业经济制度和对土地、地租、水利、粮食管理的法规，以及畜牧业经济制度和保护牲畜、牧场的法规，有力地保障了西夏农、牧业的发展。

西夏的谷物，种类有多种。据骨勒茂才《番汉合时掌中珠》载，有麦、大麦、荞麦、糜、粟、粳米、糯米、术米、豌豆、黑豆、荜豆等（见罗振玉辑本）。西夏汉文本《杂字》

西夏铁杵与铁臼（内蒙古鄂尔多斯博物馆藏）

记载的谷物有：粳米、糯米、秫米、黍米、大麦、小麦、小米、青稞、赤谷、豌豆、绿豆、大豆、小豆、豇豆、荜豆、红豆、荞麦、稗子、黍稷、稻谷、黄谷等。西夏《番汉合时掌中珠》《杂字》等字词书中出现的谷物名，可以视为西夏出产的作物。

西夏人的主食，同契丹、女真等北方民族一样，最简易的就是“麨”，即米、麦等炒熟后磨粉制成的干粮。这是与北方民族多从事畜牧、游猎活动，外出时携带方便相适应的。

西夏人以面食居多。据《番汉合时掌中珠》载，面食种类有：油饼、胡饼、蒸饼、干饼、烧饼、花饼、馒头、角子（饺子）等。这些在宋、辽、金人的食品中大都屡见不鲜，它们应该是大体相同的。饼在古代通常是面食的通称，其中，蒸饼，即馒头；而馒头，有馅，是后来的包子。烧饼、胡饼、干饼等，是烤烙而成的。油饼，或许就是后来的油饼、油条

榆林西夏窟第3窟“舂米图”（局部）

榆林西夏窟第3窟“牛耕图”（局部）

之类。

西夏谷物食品的加工方式，不外煮、蒸、烤烙等。

煮。西夏文字典《文海》中“煮”字条释文:“此者煮也，煮熬使熟之谓。”“熬”字条释文:“此者熬煮也，煮沸使熟之谓也。”比如，米类、饺子等。

蒸。如蒸饼、馒头等。

烤烙。《文海》“烙并（饼）”条释文:“此者谷物火上烧烤烙做之谓。”如胡饼、干饼、花饼、烧饼等。

西夏畜牧业发达，盛产马、牛、羊、橐驼（骆驼）等，是西夏人的肉乳之源。党项早期，没有农业，马、牛、羊等牲畜之肉是主要食品。《隋书·党项传》载，党项人“牧养牦牛、羊、猪以供食”。《旧唐书·党项羌传》载:“畜牦牛、马、驴、羊，以供其食。不知稼穑。”党项定居和有了农业之后，畜牧业仍在西夏经济生活中占有重要的地位。

西夏畜牧业尤其以产马著称。党项早期及西夏时期，在同中原唐、五代、两宋的交往中，通过贡使、榷场和民间私贩贸易等形式，进行经济交流，其中又以马匹为大宗。如五代后唐明宗时，沿边境置场市马，史料记载，“诸夷皆入市中国，而回鹘、党项马最多”。明宗还明令，所来马匹无论良驽，一律收购，而且在价格上给予优惠（见《新五代史·四夷附录三》）。

在西夏与两宋的榷场贸易及民间私贩贸易中，西夏以马、牛、羊、驼等换取两宋的缯、帛、罗、绮等丝织品，及茶叶、粮食等。

在西夏同邻国的冲突和交战中，多有马、牛、羊等被敌方掳获的记录。如，宋咸平三年（1000），延州张崇贵等破党项大卢、小卢等十族，获人口、羊、马二十万（见《续资治通鉴长编》卷四十七）。咸平五年，宋环庆路总署张凝领兵入番界，获牛羊、器甲二万（《续资治通鉴长编》卷五十一）。宋康定元年（1040），宋环庆路副都部署任福等破西夏白豹城，获马、牛、羊、橐驼七千一百八十（《续资治通鉴长编》卷一百二十八）。此类记载不胜枚举。

从西夏与邻国贸易及交战中被掳获的战利品马、牛、羊、驼都居大宗，反映了西夏盛产马、牛、羊、骆驼，它们是西夏人日常生活中主要的肉食来源。

西夏人的食肉方式，有生食、煮、烧烤等。

生食。这是人类最原始的饮食方式，党项人在有些场合仍保留有食生肉的习俗。元昊称帝后，每逢举兵之前，必先率各酋长行猎，有所获，则下马围坐，开怀畅饮，“割鲜而食”（《续资治通鉴长编》卷一百一十五）。

煮熬。前引《文海》中“煮”“熬”条释文中，不仅用于谷物加工，也用于肉食。

烧烤。《文海》“烤”字条释文：“此者有毛粗糙，用火焰烧外表，则名烤是。”“烤熟”条释文：“此者烧熟也，火上置使烤熟也。”

乳制品，如乳酪，也是西夏人的常备食品。《文海》“酪”字条释文：“此者乳酪也，酿乳熟酪也。”“乳渣”条释文：“此者酪汁经沉遗则乳渣也。”

西夏的菜蔬种类，据《番汉合时掌中珠》记载有：香菜、芥菜、薄荷、菠薐、蔓菁、萝卜、瓠子、茄子、苦蕖、胡萝卜、汉萝卜、马齿菜、葱、蒜、韭等。其中，除了古今名称相同的菜蔬外，其余几种：菠薐，即菠菜；蔓菁，又称芜菁、诸葛菜，根、茎、叶都可食；苦蕖，通作苦苣，又称苦菜；瓠子，又称瓠瓜，是葫芦的变种。

曾巩《隆平集》卷二十《夷狄传》载，西北少五谷，当地居民春天食鼓子蔓、咸蓬子，夏天食苁蓉苗、小芜荑，秋天食席鸡子、地黄叶、登厢草，冬天食沙葱、野韭、拒霜（别本称木芙蓉）、灰莕子、白蒿、咸松子，多是属于野菜一类。

调味品，有盐和醋、酱等。

西夏盛产食盐，其中以东部的乌池、白池所产青、白盐最为有名。自唐代以来，青、白盐就是党项和西夏同中原王朝进行交易的大宗商品，是西夏人米、麦来源和重要的财政收入之源。唐朝在乌池所在地盐州（治今陕西定边）设有榷场，乌池每年用盐换米，定额为十五万石。宋朝初年，青盐在夏、宋的榷场贸易中占有很大比重，宋人说，“蕃戎所赖，止在青盐”（《宋史・李继和传》）。北宋为了抑制西夏，曾屡禁青盐，规定沿边粮斛不许过河西（进入西夏界），西夏青盐也不得过界贩卖，违者不论多少，一律处斩。

除了盐以外，其他调味品，有醋、酱、蜂蜜等。如《文海》“酝酿”条释文:“此者酝也，酿也，盛也，盖令成醋之谓。”“酿”字条释文:“此者酝也，酿也，盖也，闷也，使制醋浆也。”

西夏饮料，有牛、羊乳及酒、茶等。

牛、羊乳。牛、羊乳是党项人平时及待客的主要饮料。如，唐武宗会昌间，派使节持书与党项羌表示友好，羌人大喜，奉酒湩（乳汁）夹道欢迎来使。

酒。党项人很早就会酿酒。唐朝时，党项尚无农业，他

榆林西夏第3窟“酿酒图”（局部）

西夏黑釉剔刻牡丹花瓷经瓶（宁夏灵武磁窑堡出土）

西夏玉壶春瓶（宁夏回族自治区博物馆藏）

们就用从邻境换来的麦子酿酒。《文海》中“麯”字条释文:“此者谷物研磨成面，令混以药草做麯，酿酒时散也。”西夏设有管理酒务的官署，掌理征收酒税和酒仓。康定元年，宋环庆路副都总管任福等破西夏白豹城，烧毁酒税务、仓草场等(《宋会要辑稿》兵十四)。

由于西夏人喜欢饮酒，需要量多，酿酒又有很高的利润，因此酿酒由官方控制，严格禁止私人酿酒。《天盛改旧新定律令》卷十八“杂麯门”规定：诸色人都不许私自造麯(酿酒时的发酵物，一般用霉菌和大麦、大豆、麸皮等制成)，如有违犯，根据所造数量治罪。如果买者知情，一并治罪，量刑较制造者减一等。若买者不知情，不治罪。还规定，国内诸人不许酿饮小麯酒，若违律，要依照先后所酿小麯酒数量治罪。普通人等，酿五斗以内，判徒刑四年；五斗以上，罚五年劳役。如果是官员酿小麯酒，因是执法者，还要加重。酿五斗以内，徒刑六年；五斗以上，一律八年。

饮酒是党项人日常生活的重要内容。党项人俗好复仇，当双方仇解之后，用鸡、猪、犬血和酒，倒入骷髅中饮之。其中力小不能参加复仇活动者，则集合邻族妇女，用牛、羊、肉和酒食款待她们，然后去仇家放火，烧毁仇人庐舍。

在历史文献和考古发掘中，有关于酒具的记载与实物。《杂字》中有“酒樽”;《文海》中有“檠子”，释文:“此者布酒宴钵形器，小杯之谓，汉语檠子亦谓也。”

西夏人饮酒，不仅见诸文献记载，在考古文物中也有所反映。如，榆林窟第3窟内室东壁南端有反映西夏农业、手工业生产题材的壁画。其中有一幅“酿酒图”，图中绘一人吹炊，一人持钵，旁边置酒壶、贮酒槽、木桶。二人均为妇女，平民装束，应是家庭酿酒的写照。

茶。西夏地处西北，不产茶叶。他们所饮之茶，来自与宋朝的贡使和榷场贸易。所谓贡使贸易，是在双方和好时，西夏定期向宋朝遣使进贡马匹及土产，宋朝则回赠茶叶、绢帛等。如庆历四年（1044）十月，宋赐西夏诏说：朝廷每年赐西夏茶二万斤；逢年节，如乾元节回赐茶五万斤，接受贺正（西夏每于正旦遣使进贡、祝贺）回赐茶五千斤（见《宋大诏令集》卷二百二十三）。茶叶在宋、夏榷场贸易中也占大宗。

西夏人入口的土特产，还有蜜蜡、麝脐、柴胡、苁蓉、红花、大黄等，都是贵重的药材。1226年，蒙古军攻下西夏灵武，诸将争相掠取女子、金银、绢帛，而耶律楚材则收取图籍和大黄九十三驮。不久蒙古军士卒中发生病疫，几万人因服大黄而痊愈。

西夏人的饮食器具，按种类分，有炊具、饮食器、储存器等。

炊具。如火炉、锅、鏊、铫、鼎等。《文海》“火炉”条释文：“此者火炉鏊也，花饼、干饼等烧烤用也。”“鏊”字条释文：“此者火炉鏊也，制干饼等用之谓。”“铫”条释文：“此者煮茶用之谓。”饮食器，如碗、盘、钵、匙、箸、酒樽、檠子、盏等。《文海》“盏”字条释文：“此者瓶盏也，杯盏饮茶酒用也。”储存器，如瓮、缸、罐等。

饮食器。按质料分，以陶瓷居多，也有少量金、银、铁等金属器皿。

从唐、五代起，党项就同中原王朝保持联系，元昊称帝后，夏宋、夏辽、夏金关系时战时和，存在经济文化交流，受宋、辽、金影响，西夏陶瓷业有了很大发展。

20世纪60年代以来，在今宁夏石咀山、灵武等地出土了大量西夏陶瓷制品。

1024年，党项李德明在定州建省嵬城，其遗址即在今宁夏石咀山。1964—1965年，考古工作者在遗址地下发掘中，发现白瓷碗、酱色小瓷碟、玉壶春瓶等饮食器皿。其中部分瓷器胎质粗厚，釉色凝重，当为本地烧造。在灵武曾出土一批窖藏西夏瓷器，瓷形有碗、高足碗和碟，器壁较薄，胎质不纯净，呈灰白色，成形也不很规整。有的挂白釉，也有的只涂浆而无釉。1984—1986年，灵武磁窖堡窑址出土的瓷器有白釉、黑釉、褐釉、青釉。瓷器种类则有碗、盘、扁壶、罐、瓶、盆等。从出土的瓷器看，深受定窑和磁窑的影响。

西夏黑釉刻字瓷瓶（上海博物馆藏）

在西夏陶瓷器中，最具民族和地方特色的是扁壶。扁壶的形制大致有两种：

一是双耳（二系）瓷扁壶。如，1969年甘肃武威出土的扁壶：小口，短颈，扁腹，双耳于肩。底部及腹部一侧各有圈足。器外表和内口沿有黄釉。1978年，武威出土的扁壶：其形制与前者大致相同，唯腹部两面各有圈足，器表与内口沿施豆绿色釉。宁夏海原征集的扁壶：褐釉，敞口，双耳于肩，壶腹两侧有圈足。壶体有牡丹花纹图案。

二是四系瓷扁壶。如，宁夏海原征集的扁壶：褐釉，釉色光润均匀，一对带状耳于肩，另一对于腹，上下对称。壶体扁圆，两侧有圈足，壶体有连枝牡丹花纹。

扁壶圈足的作用，是使扁壶可以安稳平放，而双耳或四耳，均可穿绳带，将壶系在身上或马背，便于出行时携带。西夏扁壶和契丹鸡冠壶，虽然形制各异，却有一个共同的特点，即携带方便，简便实用。北方水源不足，当人们外出从事游牧、狩猎活动时，用鸡冠壶或扁壶盛水、酒或牛羊乳，是必备的器皿。

除陶瓷制品外，西夏还有铁、金、银等金属器皿。

西夏黑釉双耳剔刻花瓷罐（宁夏隆德县文物管理所藏）

西夏黑釉剔刻花四系瓷扁壶（宁夏海原县文物管理所藏）

西夏褐釉剔刻花瓷扁壶（中国国家博物馆藏）

西夏黑釉瓜棱小瓷罐（宁夏灵武磁窑堡出土）

西夏鸭嘴流铜壶（宁夏西吉出土）

党项人和西夏有发达的冶铁业，而且相当精良。夏州东设有“冶铁务”，是专门冶铁和制造兵器之处。榆林窟第3窟内室壁画有“锻铁图”，图中绘两铁匠持锤，在铁砧上锤炼。一人推拉双木扇风箱，风箱后边有炉火焰。由此说明，当时西夏冶铁已相当普遍。考古工作者曾发现一些铁质器皿和工具，如加工粮食用的铁杵、铁臼等。1981年，在内蒙古准格尔旗出土半球形铁杵头；1986年，在内蒙古伊金霍洛旗出土铁杵、铁臼。还有长柄铁勺，当为舀水舀奶用具。

金、银器皿也有出土。如内蒙古巴彦淖尔盟临河县西夏城址曾出土金莲花盘、金碗等。宁夏灵武出土银钵、银碗等。这些金、银器皿，是产于当地抑或来自境外尚难确指。党项和西夏同中原王朝交往时，常常向后者贡纳方物特产，而中原王朝则有回赠，其中就有金、银。如太平兴国七年

榆林西夏窟第3窟“锻铁图”（局部）

（982），西夏建国前，李继捧朝宋，宋太宗大喜，赐白金千两、绢千匹、钱百万。继捧还带来祖母所献玉盘、金盘，宋太宗另加厚赐（见《续资治通鉴长编》卷二十三）。西夏还常常把从宋境得到的大量铜钱销铸为器。说明党项和西夏的部分金、银、铜源自宋朝，同时他们也能制造金属器皿。

住 ZHU

辽彩绘双扇木门

契丹的穹庐、车帐与土屋

契丹本是一个游牧民族，主要靠畜牧、渔猎为生，居无定所，穹庐、车帐就是他们平日和战时的主要住所。所谓穹庐，即毡帐，因其中间隆起，四周低下，称作穹庐，犹如后世的蒙古包。车帐，是在车上覆以帐幔，作为战时或外出时的营地居处。从历史文献中可以常常看到，当契丹人打了败仗时，便焚烧辎重、庐帐，落荒而逃；或者抛弃车帐、铠甲、羊、马，一片狼藉景象。

契丹人的游牧生活，到底是一种什么样的场景？当时给外人以什么感受？这在宋人出使辽国的行程录和诗文中，留下了一些真实的记录。如路振《乘轺录》载，他到辽中京大定府时，见城中只有文化、武功两殿，后面有“宫室”。其实，宫室也不过是穹庐、毡帐而已。王曾《上契丹事》载，自过古北口即进入契丹境，那里有草房、板屋，也有人携车帐，逐水草而居。宋绶《契丹风俗》载，从中京到木叶馆的途中，不见馆舍，晚上住宿在穹帐里。

辽、宋诗人在咏契丹风土或使辽诗中，有许多关于契丹车帐和穹庐的描述。如辽国汉官赵延寿有诗云：

内蒙古巴林右旗庆陵辽墓壁画“夏之图”

黄沙风卷半空抛，云动阴山雪满郊。
探水人回移帐就，射雕箭落着弓杪。

（《太平广记》卷二百引）

苏颂《契丹帐》云：

行营到处即为家，一卓穹庐数乘车。
千里山川无土著，四时畋猎是生涯。

（《苏魏公文集》卷十三）

苏辙《虏帐》云：

房帐冬住沙陀中，索羊织苇称行宫。

从官星散依冢阜，毡庐窟室欺霜风。

（《栾城集》卷十六）

姜夔《契丹风土歌》云：

契丹家住云沙中，耆车如水马若龙。

春来草色一万里，芍药牡丹相间红。

大胡牵车小胡舞，弹胡琵琶调胡女。

一春浪荡不归家，自有穹庐障风雨。

（《白石道人诗集》卷上）

以上所引宋人使辽行程录、使辽诗中，共同描绘出一幅契丹人的生活场景。在今山西北部、河北、京津、内蒙古、东北

内蒙古巴林右旗庆陵辽墓壁画“冬之图”

的广阔地域里，到处散落着契丹人的居所——穹庐、毡车，契丹人过着随时转徙、车马为家的游牧生活。

出土的辽墓壁画、石棺画为我们提供了有关契丹穹庐、车帐形制更为具体形象的资料。1973年，内蒙古克什克腾旗二八地二号墓出土的石棺画中，有契丹住地生活小景。画中有三座毡包，中间一座为白色，两侧为黑色，其形制、大小相同：半圆形顶，用皮绳拴缚，南向开设半圆券顶状小门，外观像后来草原牧民居住的蒙古包。画面左侧，有三轮毡车，长辕，高轮，车上有毡篷，花饰门帘，车辕用三角形木架支撑。

辽代民居，除了契丹人的穹庐、车帐以外，还有汉式的板筑土屋。板筑，又作版筑。板与筑本是两种筑土墙的工具：板，就是墙板；筑，就是杵。板筑又指用板与筑垒成的土墙，用两板相夹，填上泥土，以杵捣实成墙。根据考古发现，我国中原板筑夯土技术最早出现在商代中期，河南郑州商城城墙即采用此种技术建成。板筑广泛应用于北方城墙、堤坝及民居建筑之中。

辽朝建国前后，板筑技术就已经在北方出现并逐渐推广开来。阿保机即位前随伯父述澜南征北战，在攻略易（今河北易县）、定（今河北定州）等地以后，就已经开始“兴板筑，置城邑”（《辽史·太祖本纪下》）。契丹人的板筑技术，应该是从河北直接传入或由五代入辽的汉人带去的。辽朝初年，板筑技术得到进一步的运用和推广，太祖神册三年（918），修建皇都，任命礼部尚书康默记为板筑使，主持此项工作。在辽国境内，板筑土屋随处可见，多是板筑土墙，屋顶苫以茅草，它是汉人和定居后契丹人的主要居所。

这种夯土筑墙、屋顶苫草的土屋，在北方许多地区的农村，长期被沿袭下来。直到二十纪六十年代，大庆油田创业时期的“干打垒”，其实就是使用了板筑方法，板筑土屋可谓源远流长了。

五京与捺钵行宫

辽朝五京

阿保机于唐天复元年（901）为本部夷离堇（契丹军事首领），次年率兵四十万伐河东代北，俘获九万五千人，牲畜不可胜纪。当年，便在潢河（今西拉木伦河）之南建龙化州，安置俘获来的汉人。次年，又把在战争中俘获的数百户女真人充实进来。两年后，扩建龙化州东城，“制度颇壮丽”（《辽史·地理志一》）。这可看作是契丹城市建筑之始。

辽朝五京制度，直接源于唐及渤海。唐代五京为：中京长安、东京洛阳、西京凤翔、南京成都、北京太原。唐时渤海国五京是：上京龙泉府、中京显德府、东京龙原府、南京南海府、西京鸭渌府。辽五京为：上京临潢府（今内蒙古巴林左旗东南）、东京辽阳府（今辽宁辽阳）、中京大定府（今内蒙古宁城）、南京析津府（今北京）、西京大同府（今山西大同）。辽五京之称，是从太宗至兴宗间逐渐完备起来的。

辽兴起地祖州的石室

一　上京

阿保机称帝之后，于神册三年（918）以礼部尚书康默记为板筑使，仿效汉制，修建皇都。据《辽史·地理志一》记载，这里土地肥沃，宜于耕植，水草丰美，便于畜牧，“负山抱海”（其实是负山抱水），可称天险，是建都的好地方。天显元年（926），平定渤海后，又在原来皇都的基础上扩展城郭，修建宫室，建造开皇、安德、五鸾三大殿。938年，太宗改元会同，后晋派遣使者祝贺契丹改元，并献燕云十六州图籍。太宗下诏，改皇都为上京，所在地为临潢府。

《辽史·地理志一》载：辽上京分南北二城，城高二丈，幅员二十七里。北城为皇城，南城为汉城。皇城高三丈，有楼橹（用来瞭望、攻守的无顶盖的高台）。皇城四面各有一门：按东、南、西、北顺序，分别为安东、大顺、乾德、拱

辽上京城墙（断面层）遗址

辽张匡正墓壁画（《宣化辽墓壁画》，文物出版社2001年版）

辰。皇城之中，有大内（皇帝宫殿）。大内南门称承天门，有楼阁；东门称东华门；西门称西华门。大内之外，正南街东有留守司衙、盐铁司、南门、龙寺街。再往南是临潢府和临潢县。府、县之南，有寺庙、道观、国子监、孔子庙及衙署等。

汉城，南为横街，有楼对峙，下面是市井、店铺。南门东有回鹘营，是西域回鹘商贩在上京的聚居地。西南有同文驿，为接待外国使者的馆舍。

五代后周广顺（951—953）年间，胡峤到过辽上京（西楼），他在《陷辽记》（又称《陷虏记》《陷北记》）中写道："西楼（遗址在今林东镇南之波罗城）有邑屋市肆，交易无钱而用布。有绫锦诸工作，宦者、翰林、伎术、教坊、角抵、秀才、僧尼、道士等，皆中国人而并、汾、幽、蓟之人尤多。"（见《契丹国志》卷二十五）这段文字说明，辽朝初期的上京已初具规模，那里集聚了从并、汾、幽、燕（今山西、河北、北京、天津一带）掳掠来的各色汉人。中京的缘起，就是为了安置、管理这些汉人而修建的。

近四五十年来，考古工作者对辽上京遗址进行了多次实地勘测。发现位于北面的皇城城墙有多处"马面"，就是沿着城墙所建的凸出于墙面外的墩台，它的作用是为了加固城体，便于观察和夹击攻城敌兵。大内宫殿遗址仍较清楚。皇城、汉城址周长，与文献记载大致相同。

二　中京

中京是辽朝中期城市建筑的代表。据传说，辽圣宗曾过七金山土河（今

辽鎏金门神铜饰件（耶律羽之墓出土）

《东丹王出行图》（局部），辽李赞华

老哈河）之滨，南望云气，有城郭楼阙之状，于是决定在此建城。为此，从燕、蓟调来大批熟练工匠，历时两年修成。城市设计，如城郭、宫掖、楼阁、府库、市肆、廊屋等，一律仿照中原制度。修成后，将汉人迁入城中，号中京，所在地称大定府。（见《辽史·地理志》）

据宋大中祥符元年（辽统和二十六年，1008）亲自到过中京的路振在《乘轺录》中所记：中京外城高丈余，幅员三十里。外城南门为朱夏门，门有楼阁。从朱夏门入，街道宽百余步，东西有廊舍三百间，东西各有三坊（居民区），坊门相对。外城里面是内城，内城南门称南德门，共三间，有楼阁，城高三丈，城墙之上有短墙。内城幅员约七里。内城之中有宫城，南门称阊阖门，门楼有五凤，是仿北宋汴京筑造的，只是较之粗糙。

1959年至1960年，考古工作者对宁城大明城辽中京遗址进行勘测发掘，廓清了城的平面布局：此城有外城、内城、皇城（宫城）三重城。外城南北长约三千五百米，东西宽四千二百米，周围约一万五千四百米，与路振《乘轺录》所记载的幅员三十里大体一致。外城的北部有寺庙、廊舍、驿馆和官署的遗址。在城内西南角的山坡上，还分布有密集的寺庙建筑遗址。内城在外城的中部偏北，平面呈长方形。宫城城址位于内城北部的中央，平面呈正方形，每面长一千米，宫城的北墙即利用内城的北墙，另筑东、南、西三墙，现尚可见到东、西两墙南端的角楼遗址。从中京城布局来看，基本上是仿照中原京城制度修建的。

三 东京

东京城原为辽阳故城，唐高宗平高丽，在此置安东都护府，后属渤海国。入辽后，太祖神册四年（919），重新修葺辽阳故城，用来安置渤海和汉人。天显三年（928），又迁东丹国民来此，升为南京。十三年（938），改南京为东京，所在地称辽阳府。早在唐朝时，渤海汉化已经达到较高的程度，辽阳是一个汉化城市。《辽史·地理志二》载，东京城高三丈，有楼橹，幅员三十里。宫城在东北角，高三丈，有四个角楼。宫城的南面是汉城，即汉人、渤海人等集聚的地方。汉城分南北市，早晨集市在南市，晚上在北市。南北市中间有看楼。街西有寺庙、衙署、军营等。

四　南京

南京本古幽州之地。辽会同元年（938）后晋高祖石敬瑭献幽州等十六州给契丹，辽太宗升为南京，南京又称燕京。南京城方三十六里，高三丈，城有楼橹，八门。大内在西南隅，周长五里，皇城内有元和、仁政等殿，还有景宗、圣宗御容（画像）殿。西城南巅有凉殿，东北角有燕角楼。内城附近有永平馆，是招待外国使臣处。城内有二十六坊，其中有些坊名，因袭唐幽州旧名，如罽宾、肃慎等坊。城内还有官署、寺观等。

五　西京

西京为古并州。辽太宗时，后晋石敬瑭将其与幽州同时献给契丹。初为大同军节度使驻地，后升格为西京。

西京城幅员二十里，有楼橹，四门。清宁八年（1062），建华严寺，供奉诸帝石像、铜像。又有天王寺、留守司衙。北门之东为大同府，西为大同驿。

捺钵行宫

辽朝虽有五京，但是契丹皇帝在那里的时间并不多，而是四时各有行在之所，称作捺钵，又作纳拔、纳钵、剌钵、纳宝等。捺钵，契丹语，即皇帝的行营、营盘、行在之意。

契丹人主要以畜牧、射猎为业，春夏避暑，秋冬避寒，随水草而居。四时捺钵制度是这种游牧习性所决定的。据《辽史·营卫志中》《重编燕北录》等记载：春捺钵，在鸭子河泺、鱼儿泺、鸳鸯泺，凿冰钩鱼，捕捉鹅雁。夏捺钵，在永安山、炭山，避暑，议政。秋捺钵，在庆州伏虎林，射虎、鹿。冬捺钵，在广平淀，避寒，射猎，讲武，商议国事，接受外国礼贡。每年四季，周而复始。

契丹皇帝四时捺钵所居住的“行宫”称为牙帐。牙帐，就是帐篷、穹庐。夏天用布帐，春、秋、冬用毡帐，不过加以装饰而已。将支撑帐篷的立柱施以彩绘，穹庐内壁挂上锦绣，地上铺一层黄布。

契丹四时捺钵制度，被金、元、清三代在不同程度上承袭下来。清朝皇帝夏天避暑热河（承德），秋天围场狩猎，就是契丹四时捺钵的遗风。

床榻·胡床·交椅

床榻，是一种可坐可卧的家具，在辽墓壁画及出土文物中，均发现有床榻的形象和实物。床榻本为中原的古老卧具，辽国的床榻当来自中原。陈国公主墓曾出土有木床，木材属珍贵树种，色彩美丽，有香味，床榻结构均匀而耐腐朽。翁牛特旗解放营子辽墓也发现有木床实物，木床的形制为长方形底座，上铺木板，左、右、后三面有栏杆，角柱用卯固定在床板上，左、右两面角柱之间，各有两个方形间柱，后面有四个间柱。正面床沿有装饰图案。底座与床面不固定，可以移动。

胡床，是一种可以折叠的轻便坐具，起源于北方少数民族，故称胡床。因床腿交叉，又称交床、交椅。在汉人中也被广泛使用。最晚在东汉、三国时已有胡床。《后汉书·五行志一》载:“灵帝好胡服、胡帐、胡床、胡坐、胡饭、胡空侯（箜篌）、胡笛、胡舞”，京都贵族纷纷效尤。《世说新语·自新》载，有个名叫戴渊的人，纠集一些少年，在江淮间劫掠商旅，他坐在“胡床”上，指挥左右，十分自如。可见后汉至南北朝时，胡床在各族群的生活中已相当流行。据说，隋

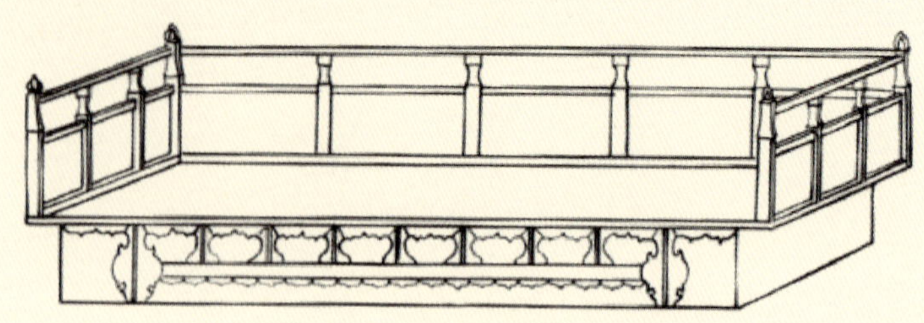

内蒙古翁牛特旗解放营子辽墓出土木床（摹本）

辽代的木桌、木椅（翁牛特旗解放营子出土）

文帝杨坚忌讳“胡人”，器物名称凡带“胡”字者，诏令一律改之，于是称胡床为交床。(《演繁露》卷十“胡床”条)

辽、宋、金时期，胡床交椅在契丹、女真及汉人的日常生活与作战中，都很常见。胡床更是契丹人在作战中常备的用具，《续资治通鉴长编》卷二十七载，契丹耶律逊宁率数万人攻瀛州（治今河北河间），宋朝派军迎战，在宋兵到耶律逊宁帐前几步以外，耶律逊宁坐在胡床上大骂来者。人们非常熟悉的《水浒传》及元、明杂剧里梁山好汉排座次坐的交椅，就是这个东西。如元杂剧《燕青博鱼》楔子:“遇着晁盖哥哥，打开枷锁，救某上山，就让某第二把交椅坐了。”

辽人居所建筑的特点

辽人居所建筑的特点，大致可以归纳为三点，即游动性、多东向和开放性。

一 游动性

契丹人的居室，同他们的游牧生活方式相联系，具有极大的游动性，因而也较简易。他们一年四季逐水草而居，到处为家，用于起居的毡帐随时搭、撤。不仅普通契丹人的居住有很大的游动性，如前所述，就连皇帝也并非固定地住在京城宫殿之中，而是四时捺钵，行止无定。正如苏辙《虏帐》诗所说：“礼成即日卷庐帐，钓鱼射鹅沧海东。秋山既罢复来此，往返岁岁如旋蓬。”（《栾城集》卷十六）契丹皇帝的行宫犹如蓬草一样随风转动，十分生动而夸张地道出了辽朝皇帝居住的游动性。

二 多东向

从契丹民居到皇帝宫室，乃至寺庙建筑多东向。《旧五代史·外国列传·契丹传》载，契丹“屋门皆东向”。契丹居所多东向，也给使辽的宋人留下深刻的印象。薛映《辽中境界》说：他到中京承天门，内有昭德、宣政两殿“皆东向”，“其毡庐亦皆东向”。宋绶《契丹风俗》载，他出使途中经过木叶山，为阿保机的葬地和契丹人祭天的地方，那里有“省方殿”，是东向的毡屋。辽代留存至今的一些佛教建筑，如山西大同华严寺、北京大觉寺、龙泉寺等，也都是朝东。华严寺大雄宝殿创建于辽清宁八年（1062），大觉寺始建于咸雍四年（1068），现存两寺都经过后世重修，但是沿用了原来基址。不过，考古资料表明，契丹建筑

辽张匡正墓壁画（《宣化辽墓壁画》，文物出版社2001年版）

并非绝对都是东向。如上京东向建筑，是以皇城西壁山丘上屋址最为明显；而皇城其他各处遗址，却看不出东向遗迹，而为南向。

契丹穹庐和建筑多东向，应该是同契丹人崇拜太阳的信仰联系在一起的。《新五代史·四夷附录一》记载，契丹人好鬼，崇尚太阳，每月月初月末，都要东向拜日。凡重大聚会和庆典，均以东向为尊，四楼门屋也都东向。元戚辅之《辽东志略》说，契丹，东胡种。至元魏时，自号契丹，五代末，称“太阳契丹”（宛委山堂本《说郛》卷六十二）。东方是太阳升起的方向，契丹崇拜太阳和崇东风俗是一致的。不仅契丹，古代北方民族如匈奴、乌桓、女真等，都有拜日之俗。

三 开放性

辽朝建筑，特别是京城建筑，体现出很强的开放性。

辽朝五京，尤其是上京和中京城的建筑与布局，都借鉴了中原的京城制度。阿保机建国之前，为了吸引汉人，就参照唐幽州制度，建造城邑。辽初营造上京城及宫殿，其设计者和施工总指挥康默记是蓟州（今北京）人，为建造上京城及宫殿出谋献策的韩延徽是幽州安次（在今河北）人，都是汉人。中京城的兴建，也是选用大批燕、蓟一带的汉人工匠修建的。辽上京、中京城的布局及城郭、宫掖、楼阁、府库等都是仿照中原制度营造的，反映了辽朝对中原制度及建筑技术的借鉴和吸收。辽上京城、中京城及其他一些城市，分别设置“汉城”，用来安置汉人及其他族人。著名建筑史学家梁思成在论及辽代建筑特点及成就时说:“辽代建筑类北宋初期形制，以雄朴为主，结构完固，不尚华饰。”又说:“凡宫殿、佛寺主要建筑，实均与北宋相同。盖两者均上承唐制，继五代之余，下启金、元之中国传统木构也。”（《中国建筑史》第151—154页，百花文艺出版社1998年版）总之，辽朝建筑大体上是继承唐、宋特点，并有所发展，在我国建筑史上具有重要的地位。

「内地」金上京

女真之称始见于唐至五代间，献祖绥可时迁移到海古水，开始垦荒耕地，种植树木，建筑房屋，人称“纳葛里”（女真语），就是居室。上京即原海古之地，女真语称金为“按出虎”，因按出虎源于此，所以又称“金源”。金建国之初，称“内地”。

太祖阿骨打时，金源没有城郭，人们星散而居。皇帝臣属也无宫殿巨室，他们住的地方称“皇帝寨”“国相寨”“太子庄”等，与平民并无太大区别。太宗即位后，于天会二年（1124）开始择地兴建城邑、宫殿，并委派卢彦伦主持城市规划、宫室和民居建筑等事宜。次年，宋朝贺（太宗）即位使到达时，这里尚在施工之中。《宣和乙巳奉使金国行程录》载：当他们临近上京（当时称内地）时，一眼望去，是广阔的平原，旷野间有居民百十来家，星罗棋布，十分杂乱，不见城郭。又过了一二里，接近城郭。往北行，即见土墙，围绕方圆三四顷的面积，墙高一丈余，这就是兴建中的皇城。皇城中有木建殿七间，十分壮丽，尚未封顶，就是兴建中的乾元殿。宫殿房脊上装饰着木做的鸱吻（又称鸱尾，是我国

金上京城墙遗址

古代建筑屋脊上的装饰物，象征辟除火灾），殿前有方圆数丈的台阶，即所谓龙墀。当时每天有数千人在施工，已经架屋数千百间，规模相当可观。乾元殿建成后，又陆续修建了一些其他宫殿和建筑物。熙宗即位后，于天眷元年（1138）命少府监卢彦伦营建宫室。八月，正式以京师为上京，所在地称会宁府。皇统六年（1146），熙宗嫌上京会宁府太小，对上京城再次进行扩建。这次扩建设计，仿照北宋故都汴京制度，只是规模要比汴京小得多，

金代的铜坐龙（北京宣武区白纸坊出土）

仅及其十之二三而已。

尽管太宗时已修建了所谓“乾元殿”等，但皇帝、贵族与平民居住区尚未形成严格的界限，居民可以在皇城中从前朝门走到后朝门，不受限制，每逢节日，百姓可以在宫殿两侧观看表演。

熙宗即位后，身边的一些儒士经常向熙宗讲述中原皇帝的为君之道，诸如宫室的壮观、服饰的华贵、嫔妃的众多、宴饮的奢侈、禁卫的严格、礼仪的尊贵，等等，熙宗十分羡慕，也要学中原皇帝的样子。同时，也是为了巩固金王朝的统治，在政治上实行一系列的改革措施，扩建都城就是改革措施之一。从此把皇帝与贵族、平民的居住区逐渐区分开来。

金上京从兴建至海陵王完颜亮迁中都（今北京）前，经过近三四十年的经营开发，已具有相当规模。比如，宫室除天会三年（1125）建成的乾元殿（后改名皇极殿）外，还有庆元宫、敷德殿（朝殿）、宵衣殿（寝殿）、稽古殿（书殿）、明德宫、明德殿、凉殿、时令殿，等等。

海陵王迁中都后，命吏部郎中萧彦良尽毁上京宫殿、宗庙、诸大族府第及储庆寺，夷为平地，变成农田，使上京遭到极大的破坏。金世宗即位后，以上京是金朝龙兴之地，几次颁诏修复城垣、宫殿、宗庙、寺庙等，大体依仿熙宗时代旧制，并略有损益。现在我们所见到的金上京故城遗址，就是金世宗重建后的故址。

根据有关文博部门及研究者对金上京城遗址实地勘测提供的资料：上京城分南北相连的两城，均为长方形，合起来呈L形。两城合计周长一万一千米，即二十二华里。城垣为夯土板筑而成，黑黄土相间，城垣基础宽七至十米。城垣每

金绿釉兽面瓦当（黑龙江阿城出土）

金代的石狮（黑龙江阿城）

隔八十至一百三十米左右，有马面一处。全城有城门九处，其中七处有瓮城遗址。瓮城又称月城，是在城门之外修筑的转角形或半圆形的小城，是增强城门正面防御能力的设施。皇城在南城内的西部偏北，南北长六百四十五米，东西宽五百米，原墙基宽六点四米。考古工作者在皇城内宫殿基础地上发现大量断瓦，砖有方形青砖、云尤纹雕砖、条纹砖和长方形粗砖等，瓦当有兽面纹、花纹、龙纹等数种，还有绿釉琉璃瓦、龙纹勾滴、凤头等。

2002年，为配合绥满公路（301国道）扩建工程，黑龙江省文物考古研究所在金上京故址东郊发掘了一座大型建筑基址，被学者认定为“朝日殿”。经发掘与钻探得知，宫殿基址朝向正东南，由主殿（前殿）、过廊、后殿、正门及回廊组成，占地面积五万余平方米。主殿台基全部夯筑且高于地面，四周以多层青砖包砌，墙基宽约一点三米；台基规模庞大，结构复杂，总体布局呈对称多边形。考古工作者认为，这个宫殿基址是我国传统礼制建筑的罕见实例，它的发现与发掘，对研究宋、金时期政治体制、宗教信仰、风俗习惯以及建筑风格等，提供了不可多得的第一手资料，在中国建筑史上亦占有重要的地位。有学者说，这不仅是宋、金时期的最大的皇家宫殿，也是中国建筑史上历代皇帝在京城以外举行郊祀的规模最大的宫殿遗址。这一重大考古发现，被列为我国2002年十大考古发现之一。

楼阁峥嵘金中都

海陵王完颜亮通过政变取得帝位，实现了多年以来的夙愿，很想有一番作为。他不顾许多旧臣的极力反对，毅然把京城从女真的肇兴之地上京迁往燕京（今北京），这是海陵王统治时期乃至金朝历史上的一件大事。

迁都燕京前，朝廷曾围绕迁都问题展开过激烈的争论。在海陵王主张和部分大臣的支持下，决定迁都。天德三年（1151）三月，海陵王颁诏，扩建燕京城，修建宫室。贞元

金中都城垣高楼村段遗址

元年（1153）三月，正式迁都燕京，改燕京为中都，府曰大兴。改汴京为南京，中京为北京，辽阳府为东京，大同府为西京如旧。

辽、金之际的燕京，由于辽朝的多年经营，已很壮观。前面提到的宋人许亢宗在金太宗即位时出使上京，途径燕京时，看到那里“户口安堵，人物繁庶，大康广陌，皆有条理。州宅用契丹旧内，壮丽夐绝，城北有三市，陆海百货萃于其中。僧居佛宇冠于北方”（《宣和乙巳奉使金国行程录》）。由此可见当时燕京的盛况：人口密集，街道宽阔，建筑壮丽，市井兴旺。海陵王迁此前后，又以汴京为准，对燕京城及宫殿进行了大规模的扩建。主持中都城设计、施工、监护等工作的，有张浩、卢彦伦、刘筈、苏保衡、梁汉臣、孔彦舟等人。

金中都城是仿照北宋都城汴京制度，在辽南京基础上扩建而成的，分外城（大城）、内城（皇城）、宫城三重。外城北墙仍旧，东、西、南三面墙向外扩展。经考古勘测，其东南角在今北京南站西南四路通，东北角在今宣武门内翠花街，西北角在今军事博物馆南皇亭子，西南角在今凤凰嘴村西南角。城周实测一万八千六百九十米，东、西、南三面城垣各开三门，北城垣开四门，共十三门。

皇城略居外城中心，周长九里三十步。东西南北各有一门，依次为宣华门、玉华门、宣阳门、拱辰门。宫城在皇城之内。

宫城中主要宫殿有：大安殿、仁政殿、寿康宫、隆庆宫等。大安殿是朝廷举行重要仪式、庆典的地方，是主殿、正殿。仁政殿是常朝便殿。寿康宫是太后所居之地。隆庆宫

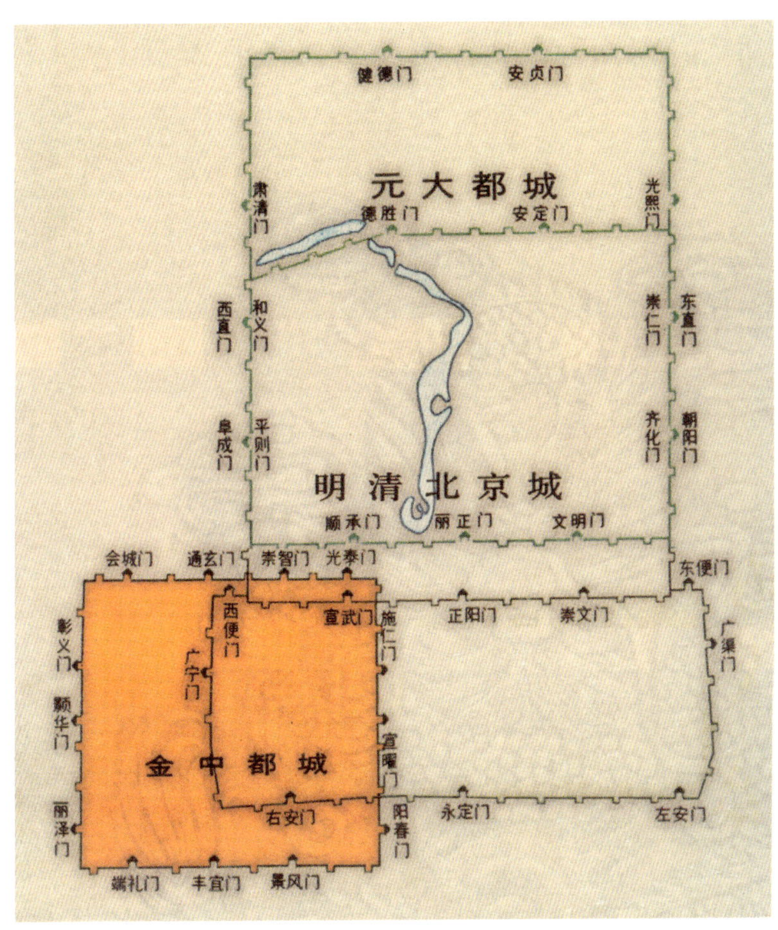

金、元、明、清北京城址变迁示意图

金赵励墓壁画“备宴图”（北京石景山出土）

（东宫）为太子居住的地方。宫城外东西各有千步廊，道路两旁种植柳树，廊脊覆盖碧瓦，宫阙、殿门则纯用碧瓦。西出玉华门，为同乐园（在今钓鱼台），内有瑶池、蓬瀛、柳庄、杏村等。皇城南部有文武楼，来宁馆、会同馆，是出使金朝的外国使节居住地。

金中都城不仅在总体设计和布局上仿照汴京，宫殿建筑也是如此，甚至将汴京宫殿中的某些构件拆卸下来，直接用于中都宫殿建筑，还将北宋宫中的一些摆件、饰物也移到金中都的宫中。在建筑风格上，也承袭了北宋末年崇尚奢丽纤巧的风气。宋人周麟之说：皇城内地大半属于宫廷、官署，百姓绝少，“宫阙壮丽”，“虽秦阿房、汉建章（阿房宫、建章宫，分别为秦汉名宫，以奢华著称）不过如是”（《日下旧闻

金太宁宫遗址（北京北海）

金中都城垣遗址（凤凰嘴段，北京）

金太宁宫遗址艮岳石（北京北海）

考》卷二十九引，北京古籍出版社1983年版）。金章宗《宫中》诗写道：“五云金碧拱朝霞，楼阁峥嵘帝子家。三十六宫帘尽卷，东风无处不扬花。”（《归潜志》卷一）描绘了金中都宫殿的豪华。

不过，金中都的规模和繁盛程度，还是无法与汴京相比的。南宋范成大在绍兴三十一年（1161）出使金国，他在《揽辔录》中详细记录了在中都所见，“遥望前后殿庑矗起处甚多，制度不经，工巧无遗力……”“强效华风，往往不遗余力，而终不近似”（《三朝北盟会编》炎兴下帙一百四十五）。认为金中都的建筑，虽然不遗余力地效仿北宋汴京，却不合制度。这样的评论难免不带偏见，金中都毕竟把中原汉族传统宫殿建筑模式引进到了北方。

我国中古都市的布局和管理，采用坊市制度，就是把都市分为坊（住宅区）和市（商业区）。唐代中叶以后，这种坊市制度逐渐废弛。北宋汴京的坊制，到北宋末年已经完全崩溃，市制也随着坊制的崩溃而瓦解，商业街代替了旧时商业区的市。汴京市容形成了坊、市合一的格局。北宋汴京的变迁，即从坊市向街巷过渡，在我国城市发展史上具有承前启后的作用。金中都的设计既然仿效汴京，其坊与市已不像唐代长安那样截然分开，有的坊已不设城垣，而且出现许多开设门市的街巷。金中都同汴京一样，处于从封闭的坊市制度向开放的街巷制度的过渡阶段，在我国城市史上具有承前启后的作用。

金人民居与火炕

女真先世没有屋室，多在山脚下河水边凿洞、挖坑，上面架起梁木，然后用土覆盖。夏天逐水草而居，冬天则居住其中。到献祖绥可时，开始在海古水畔定居，有了较固定的居室。据《三朝北盟会编》政宣上帙三记载：女真早期的居室，大体上仍然是依山谷而居，四周用树木枝干围成栅栏，

地窨子

金代萧何追韩信三彩枕
（首都博物馆藏）

屋高数尺，上面覆盖木板、桦树皮或茅草。女真人居处的墙垣、篱笆，大都是用树木搭建的。同契丹一样，门多朝东。在室内，墙的四周是一圈火炕，起居其上，并借以取暖。

女真人这种室外用木联成栅栏、门户朝东、屋内置火炕的习俗，可谓源远流长，弥久不绝。清代东北地区的满、汉居民仍然保留着这种习惯。如清人杨宾《柳边纪略》卷一载，宁古塔（今黑龙江宁安）一带，“屋皆东南向，立破木为墙”，门窗多朝东南，土炕高一尺五寸，围绕南、西、北三面，仅空开门窗的东面，并在南北炕头两端置炉灶，用来做饭取暖。屋舍四面有栅栏围绕。不难看出，这同《三朝北盟会编》等史料所载女真民居的特点，多有近似之处。而且，至到现代，在东北农村仍然可以看到这种习惯的痕迹。

金代女真及汉人、渤海人等，无论尊卑贵贱，室内活动主要都是在火炕上坐卧，并用它取暖。《金虏节要》载：金初太祖、太宗时，虽有君臣之称，但无尊卑之别，乐则同享，财则同用。至于屋舍、车马、衣服、饮食之类，并无多大差别。皇帝所独享的仅有“乾元殿”。殿外四周栽柳，把殿与外界隔开。殿内，围绕墙壁置火炕，平时无事，则锁上或开着；有事则皇帝与臣僚杂坐在火炕上（见《三朝北盟会编》炎兴下帙六十六）。

金、宋文人写了许多咏火炕的诗篇，可以使我们对火炕在北方各族日常生活中所占的重要位置，及火炕所用的燃料、火炕分布地区等，有进一步的了解。

宋人朱弁于天会六年（1128）使金，被留，在北方居二十年。有《炕寝三十韵》诗云：

风土南北殊，习尚非一躅。
出疆虽仗节，入国暂同俗。
淹留岁再残，朔雪满崖谷。
御冬貂裘弊，一炕且蛤伏。
西山石为薪，黝色惊射目。
方炽绝可迩，将尽还自续。
飞飞涌玄云，焰焰积红玉。

（《中州集》卷十）

诗中大意说：南北地方风土各异，来此就要入乡随俗。冬天天寒地冻，大雪飘满山谷。穿着貂皮裘衣，在炕上蜷作一团。灶里烧着西山石（煤炭），燃起红色的火焰。

赵秉文《夜卧炕暖诗》云：

京师苦寒岁，桂玉不易求。
斗粟换束薪，掉臂不肯酬。
日籴五升米，未有旦夕忧。

近山富黑鑋，百金不难谋。
地炕规玲珑，火穴通深幽。
长舒两脚睡，暖律初回邹。
门前三尺雪，鼻息方齁齁。
田家烧榾柮，湿烟泫泪流。
浑家身上衣，炙背晓未休。
谁能献此术，助汝当衾裯。

（《闲闲老人滏水文集》卷五）

大意说：居住在京师，柴米昂贵，每逢冬天就更不好过了。附近山里出产黑鑋（煤），可以用来烧炕取暖。尽管外面下着漫天大雪，也能躺在炕上，睡得舒舒服服。而在农村里，则要靠烧榾柮（木柴），往往被烟熏得泪流满面。

由此可以知道，烧火炕的燃料主要是树木（榾柮）、农作物秸杆，在产煤区附近，则多用煤。朱弁、赵秉文诗中的“西山石为薪”“近山富黑鑋”句，都应指的是煤。陆游《老学庵笔记》中，也记载当时“北方多石炭”。宋、金时期，北方各族人民用煤炭作为燃料，已非个别现象。

这里再引几首金人咏火炕诗，有助于理解火炕在北方各族人日常生活中的重要位置。刘龙山《别墅二首》诗有“灶下旋添温坑火，床头剩买读书油”句（《中州集》卷三）。朱自牧《晋宁感兴》诗有“樵丁还喜炕连厨”句（《中州集》卷二）。女真宗室诗人完颜璹《如庵乐事》云：

人间最美安心睡，睡起从容盥漱终。
七卷莲经蒸沉水，一杯汤饼泼油葱。

因循默坐规禅老，取次拈诗教小童。
炕暖窗明有书册，不知何者是穷通。

（《中州集》卷五）

从中不难发现，火炕既是人们不能缺少的起居之所，同时还给人们带来许多说不尽的情趣。窗明、几净、炕暖、书香，几乎使诗人完颜璹有些陶醉了。

西夏居所与建筑

党项初起，以游牧为生，居无定所。后来，他们纷纷迁往内地，而且开始“居有栋宇”（《旧唐书·西戎列传·党项羌传》）这里的所谓栋宇，并非砖木结构的房屋，而是以木料为框架，用牦牛尾、羊毛等织成的毡毯之类覆盖、围绕而成，每年一换，属于穹庐、毡帐。因此，党项人一家称一帐。到了西夏后期，土筑、定居已成普遍的居住方式。当蒙古成吉思汗初征西夏时，西夏国主说：“我们所有的地方，是定居的土筑的城池。筑室居住的人民……”1226年，成吉思汗再次攻西夏，当他与皇子、大臣商议进攻方案时，有人说：“西夏百姓是定住的，是筑城而居的，所以他们如果抛弃了居室城池，还能够往那里去呢?”（谢再善译《蒙古秘史》第249、265节，中华书局1956年版）西夏普通民居多用土垒，有官爵者才能建造用瓦覆盖的屋舍。党项人十分迷信，尤好占卜，他们的住所中，通常要留一间，用来供奉鬼神，称为“神明”，主人坐在其旁，有事时就在那里占卜。

西夏的宫室建筑已相当豪华。建国前，德明被宋封为西

西夏石马（宁夏银川西夏陵区遗址出土）

西夏琉璃鸱吻（中国国家博物馆藏）

西夏兽面纹琉璃瓦当（宁夏银川西夏陵区遗址出土）

平王，党项开始强盛。德明就在鏊子山（今陕西延川西）大造宫室，后于天禧四年（1020）迁怀远镇（今宁夏银川），又在那里建造门阙、宫殿。1024年，德明在定州筑省嵬城（今宁夏石嘴山），用来控驭番族，作为兴州屏障。元昊称帝后，先后娶七个妻子，最后一任为没啰氏。没啰氏本来是娶来准备给元昊与野利氏所生之子宁令哥为妻的，元昊见其貌美，便自己娶了，号“新皇后”。元昊为没啰氏在天都山大建宫室，还调动数万丁夫，于贺兰山东营建离宫数十里，台阁高十余丈，元昊与诸妃游宴其中（见《东都事略》卷一百二十七、一百二十八，《西夏书事》卷四）。

根史料、地方志记载及考古发现，贺兰山区西夏遗址颇多。

嘉庆《宁夏府志》记载：贺兰山在府城（银川）西六十里，“远山口内有各寺多少不一，大抵皆西夏时旧址，元昊宫殿遗墟、断壁残瓷，所在多有”。又载：“元昊故宫，在贺兰山之东有遗址。又振武门内有元昊避暑宫，明洪武初遗址尚存，后改为清宁观。广武西大佛寺口亦有元昊避暑宫。”

今银川西北约九十公里有大水口遗址，被当地人称为“元昊宫”。在山口两侧，层层台地，依山势而建，皆有石砌护壁，高数十米，绵延十余里，规模宏大；有的地方尚见断垣残壁，有的台基、踏步、台阶尚存。拜寺沟从东向西依次有土关、峡道、方塔区、南面台子等多处遗址。其中殿台子遗址，在沟尽头贺兰山分水岭下，坐西面东，呈八字形，有六级台地，约五万平方米，地表散落建筑材料。琉璃瓦件多为白色瓷胎，质地坚硬，造型规整。砖的形制多样，如花边砖、花卉砖、六边形莲花纹砖，都十分精美。从历史文献记载和后世的遗存不难想见当时西夏宫室的辉煌壮观。

考古工作者对西夏黑水城和省嵬城遗址进行过几次勘测发掘，可略窥其大概。

黑水城的城墙和城门基本上被保存下来，城呈长方形，墙高十一米，底宽十一米，顶宽三米多。东西城门各一，宽四点五米。有瓮城。全城面积十八万平方米以上。城内大致分东、西两个部分。东南方有一座方形堡子，夯土而成。堡东有一座高土台，台东有两排房屋。自城东门有一条大街直达城中心，城西部现存几座佛塔、寺庙和房屋的残迹。据判断，黑水城西半部是军政机构和宗教活动的场所，东半部则主要是吏民和部分军队的居住区及仓库区。黑水城的东门外

黑水城遗址

有大片遗址，当是居民区。

省嵬城城址（今宁夏石嘴山）略作方形，城墙为夯筑，未用砖包砌。城墙上窄下宽。东墙长五百九十三米，西墙长五百九十米。西、北两面无门，东、南两面各开一门。东门遗址的清理显示，门道壁基础铺条石，上立排柱，排柱上架横木，建木楼。

西夏历朝王陵的建筑规模相当宏伟。西夏王陵在银川以西的贺兰山东麓，陵区范围东西四公里，南北十公里。这些陵寝名为：裕陵（太祖李继迁）、嘉陵（太宗李德明）、泰

西夏石雕力士志文支座（宁夏银川西夏陵区遗址出土）

西夏王陵之月城

陵（景宗元昊）、安陵（毅宗谅祚）、献陵（惠宗秉常）、显陵（崇宗乾顺）、寿陵（仁宗仁孝）、庄陵（桓宗纯祐）、康陵（襄宗安全），遵顼以后的陵名，不见文献记载。

在已经发掘清理的八号陵，其陵主有说是遵顼，有说目前根据不足，尚待进一步发掘研究才能确定。八号陵地面建筑有东西二阙、东西二碑亭、东西四角台、月城、内外神墙、献殿、灵台等，组成一个建筑群。

西夏陵区的地面建筑，早已成为废墟，在陵区曾发现大量西夏建筑材料。如兽面纹及花卉纹瓦当、虎头纹滴水（就是房檐）、绿琉璃瓦、瓦筒子、白瓷板瓦、琉璃方砖、花纹砖、琉璃及陶鸱吻、套兽、花莲柱础等。

从发掘和调查资料中，反映出西夏建筑基本上继承了中原汉族建筑的传统，其形制大体仿效唐、宋建筑风格，同时又具有一定的民族特色。如遗址出土的鸱吻与宋代风格不同，特别是粗犷的琉璃脊兽及白釉瓷板瓦、黑釉瓷槽形瓦及琉璃兽头等，都是中原建筑中没有的。

行 XING

《东丹王出行图》（局部），辽李赞华

辽国畜力马牛驼

契丹是个游牧民族，辽国盛产马、牛、羊、骆驼等牲畜。这些牲畜不仅是辽人衣食的重要来源：肉可食，乳可饮，皮毛能做衣服鞋帽；而且还是辽人的主要交通工具，可供人骑乘、驮运货物和牵引车辆。

契丹早从传说时代起，马、牛就是他们的主要交通工具。契丹有个美丽的传说：相传很久很久以前，有个男子骑着白马顺土河（今老哈河）而下，又有一位年轻女子驾牛车沿潢河（今西拉木伦河）而下，二人相遇在木叶山。他们在土河、潢河汇流之处结为夫妇，这就是契丹的始祖。后来他们生了八子，各居分地，号为八部，契丹从此繁衍下来，并一直保留有用青牛、白马祭天的礼俗。尽管这个故事可能晚出，而且是逐渐丰富起来的，却能反映出马、牛和车舆是契丹的主要交通工具。

马在辽国的交通工具中，占有尤其重要的地位。契丹向来以出产名马著称，他们在同邻国交往中，常常以马匹作为馈赠对方的礼物。如后梁开平元年（907），梁太祖自立为帝，契丹阿保机立即派人送去名马、女子、貂皮等，求其册

库伦辽代壁画墓2号墓壁画（局部）

封。会同三年（后晋天福五年，940），契丹遣使至后晋，送上马百匹及玉鞍等。六年，契丹遣使向南唐献马三百匹、羊三万五千头。后来在同北宋的长期频繁交往中，马匹与鞍具也是最为常见的礼物。辽、宋缔结澶渊之盟以后，双方的榷场贸易有了很大发展，北宋向辽国输出香药、犀象、茶叶、绢帛、漆器等，辽国则向北宋输出银钱、马、羊和橐驼（骆驼）。

《辽史·仪卫志一》载，“契丹故俗，便于鞍马”。马匹是契丹人平日生活中的主要代步工具，更是战时赖以乘骑和运载辎重的工具，骁勇的骑兵，无疑是辽朝军队克敌制胜的重要保证。据《辽史·兵卫志中》“御帐亲军”载，太宗选天下精兵，置皮室军，就是皇帝的心腹部队，共计骑兵五十万。

辽国在同邻国交战过程中，出动骑兵动辄以万、数万计。如天显十一年（936）九月，辽太宗亲率五万骑，号称三十万，进攻后唐。会同七年（944），辽将赵延寿、延昭率前锋五万骑攻打后晋。

由于无论平时还是战时，马匹都是辽人的主要交通工具，所以他们不分阶层，不分男女老幼，从小练就娴熟的骑射本领。契丹皇帝多擅长骑射自不待言，后妃也不示弱。《辽史·后妃列传》论说："辽以鞍马为家，后妃往往长于射御，军旅田猎，未尝不从。"如应天皇后（述律氏，阿保机皇后）曾跃马勒兵，协助阿保机大破室韦。承天皇后（萧绰，小字

辽彩绘木板画（内蒙古林西县文物管理所藏）

燕燕，辽景宗皇后）。景宗死后，尊为皇太后，掌摄辽国军政大权。统和二十二年（1004），太后和圣宗亲自率兵南下攻宋，抵达黄河边上的重镇澶渊城北，逼近北宋都城东京。北宋方面奋力抵抗，形成辽、宋两军对峙局面。年底，双方议和，就是历史上有名的澶渊之盟。在这次军事行动中，承天皇太后跃马驱车，亲临战场，指挥三军，发挥了重要作用。承天皇太后，就是在民间广为流传的“杨家将”故事中那位鼎鼎大名的辽国萧太后。

辽国不仅后妃多长于骑射，平民百姓也是如此。欧阳修在一首咏契丹诗中有“儿童能走马，妇女亦腰弓”（《文忠集》卷十二）句，是对契丹人擅长骑射生动形象的描绘。

马匹既然是辽国的主要交通工具，那么外国人来到这里，也不能例外。如欧阳修曾出使辽国，他的《奉使契丹回出上京马上作》诗云:“紫貂裘暖朔风惊，潢水冰光射日明。笑语同来向公子，马头今日向南行。”（《文忠集》卷十二）

牛也是供人骑乘及驮运货物、牵引车辆的交通工具。不过因为牛的行动缓慢，作为交通工具，其应用范围远不能与马相比。《辽史·后妃列传》载，太祖述律皇后曾到土河、潢河汇流处，有女子乘青牛车，看见太后，仓皇让路走开，不久遂有童谣“青牛妪，曾避路”流传。这大约是当时或后人附会青牛白马传说而编造的故事，然而从中反映出骑牛或驾牛车本是契丹常见的出行方式。宋人吴奎使辽诗有“奚车一牛驾，朝马两人骑”句（《宋诗纪事》卷十一），也说明骑乘牛马或用来拉车，是辽人生活中习见的现象。

辽国盛产骆驼，在辽阔的草原上随处可见。宋人王曾出使契丹，一过古北口，便看到契丹人在牧放马、牛、橐驼

辽墓壁画“出行图”（局部。内蒙古敖汉旗博物馆藏）

辽张世卿墓壁画中的“出行图”（《宣化辽墓壁画》，文物出版社2001年版）

（骆驼）。骆驼也是契丹人的重要交通工具，用来拉车、运输货物。宋人苏辙《龙川别志》卷上载：宋真宗景德年间，南北有议和之意，宋遣供奉使曹利用使辽，曹利用在赴辽途中，在军中看见辽皇太后和韩德让同坐在“驼车”上。《弘简录》载，宋蔡卞使辽，偶染寒疾，辽人找来“白驼车”让他乘坐。驼车本为国主所坐，可见接待宋使规格之高。这段记载是可信的，《辽史·仪卫志一》“国舆”中，皇帝、皇后的礼仪用车，有的就驾以“御驼”。

此外，契丹也用驴牵引车辆。乾亨元年（979），辽将耶律休哥、耶律斜轸与宋军大战于高梁河（今北京西直门外），宋太宗仅以身免，至涿州（在今河北），乘驴车落荒而逃。

长毂广轮奚人车

奚，古民族名，南北朝时称库莫奚，隋、唐时称奚，属东胡种。奚族逐水草而居，长期过着游牧生活。奚人以能造车著称，几乎从奚见诸文献记载起，就同奚车联系在一起。奚车不仅是奚人的主要交通工具，而且也为与奚“异种而同类”的契丹人所喜爱。奚车在唐代还传到了中原。据《旧唐书·舆服志》载：奚车，本是塞外契丹人所用，至开元、天宝间，由于许多少数民族将领屡建功勋，得到朝廷封赏，他们平素坐惯了的奚车，也在唐朝京城逐渐流行开来。奚车及南方巴蜀妇女常用的“兜笼”（一种只有坐位而没有轿厢的便轿，大约就是后来的“滑竿”）都较轻便，以至在许多场合代替了传统的车辇。奚车在唐代已被奚人用于战事。唐李商隐《为荥阳公贺幽州破奚寇表》说：幽州节度使张仲武奏，在同奚部的作战中，焚烧车帐、器械等计二十万，奚车五百乘（《李义山文集》卷二）。

契丹与奚，同属东胡种，都是游牧民族，他们的生活环境、风俗习惯也有很多相似之处，奚车在辽国得到了更广泛的应用。

辽墓壁画中的“车辆图”

奚车是契丹作战时重要的载人和运输工具。在战争中，契丹皇帝就是乘坐奚车指挥作战的。《资治通鉴》卷二百七十一载，后梁末帝龙德二年（922），“契丹主车帐在定州城下”句下，胡三省注：契丹主乘奚车，上面用毡帐覆盖，寝处其中，称作车帐。会同八年（945），晋以万骑袭击辽军，太宗耶律德光坐在大奚车中指挥军士，抗击晋军。由于辽军不利，节节败退，太宗乘奚车走十余里，晋军仍急追不舍，太宗找到一匹橐驼，慌忙骑上，才得以逃脱。会同十年，契丹攻入晋都城开封，太宗废晋出帝为负义侯。太宗在宫殿中接受晋百官朝拜，起居采用晋仪，然而服饰、车马却仍不改本族制度，“毡裘左衽，胡马奚车，罗列阶陛，晋人俯首不敢仰视”（《新五代史·四夷附录一》）。

平时奚车的用途更广，在辽阔的大草原上随处可见。夜间，奚车就是契丹、奚人的住宿之处。宋人刘敞《铁浆馆》诗“敌马寒随草，奚车夕戴星”（《公是集》卷二十二）句下，自注：“奚人以车帐为生，昼夜移徙。”

直至金、元、明、清，在作战及宫廷生活中，奚车仍在发挥作用。同时，奚车更是北方草原民族日常生活中不可缺少的运输工具。

奚车是金兵作战中的重要交通工具。《顺昌战胜录》载：绍兴十年（1140）六月，金兵攻顺昌，完颜宗弼（兀术）与诸首领所率金兵，“人马蔽野，骆驼牛马纷杂其间，毡车、奚车亦以百数”（《三朝北盟会编》炎兴下帙一百零一）。

奚车、骆驼车在元代宫廷生活、军事行动及蒙古人的日常生活中，继续发挥作用。朱有墩《元宫词百章》：“春游到处景堪夸，厌戴名花插野花。笑语懒行随凤辂，内官催上骆驼车。”是说元朝皇帝离开大都外出巡幸上都时的情景。平日里后妃宫女戴厌了名花，如今插上野花；坐厌了宫中的凤辂（后妃的象舆），改乘骆驼车。元王恽《中堂事记》上载，战时的军马调度，凡衣袄、器仗、马匹、粮食等物，都由官府收买和运输，脚力、骆驼、车仗也是官府出钱雇觅（见《秋涧集》卷八十）。

在蒙古人日常生活中，毡车也是重要的交通工具。毡车用牛、马、驼拉，车上的毡帐内，可坐可卧，并可在车室内饮食。毡车给曾经到过蒙古的外国旅行家留下了很深的印象。如意大利人马可·波罗说，那里“有一种双轮的

元朝马车示意图

上等轿子车，质量很好，构造精密，上面也用黑毡子覆盖着，虽然整天下着大雨，车子里面的人也不会受潮。鞑靼人的妻儿子女、日用器皿，以及必需的食物，都用车子运送，由牛和骆驼拉着前进”（陈开俊等译《马可波罗游记》第62页，福建科学技术出版社1982年版）。法国人鲁不鲁乞说，他们把所有的寝具和贵重物品都收藏在箱子里，把它们捆绑在高车上，用骆驼拉车，以便能够渡过河流而不致弄湿。

直至明、清时期，这种奚车、骆驼车，仍是蒙古等北方民族的重要交通工具。

鲁迅《花边文学·读书忌》曾引明清之际屈大均（1630—1696）《翁山文外》中《自代北入京记》的一段文字：

……沿河行，或渡或否。往往见西夷毡帐，高低不一，所谓穹庐连属，如冈如阜者。男妇皆蒙古语；有卖干湿酪者，羊马者，牦皮者，卧两骆驼中者，坐奚车者，不鞍而骑者，三两而行，被戒衣，或红或黄，持小铁轮，念《金刚秽咒》者。其首顶一柳筐，以盛马粪及木炭者，则皆中华女子。皆盘头跣足，垢面，反被毛袄。人与牛羊相枕藉，腥膻之气，百余里不绝。

（《鲁迅全集》第5卷第588-589页，
人民文学出版社1981年版）

可以说，从奚、契丹以来，奚车未曾断绝，它的历史真可谓是源远流长了。汉代的匈奴就能造车，称匈奴车或胡车。被称为匈奴别种的突厥，多用骆驼车。在俄罗斯叶尼塞河曾发现突厥岩画，其中就有骆驼拉的毡车。车轮为双轮、双辕，由一骆驼驾驭，车上有棚。后来的高车，也称敕勒、铁勒、丁零，擅长造车，所造之车，“车轮高大，辐数至多”（《魏书·高车传》），族名也因“车轮高大”而得来。

自汉匈奴以来到元、明、清的胡车、高车、奚车、骆驼车等，名称很多，形制也略有差别，然而高轮、长辕、双辕、有棚，则大致是其共同之处。这是同北方游牧民族所处地理环境、生活方式相联系的。游牧民族生活在大草原，居无定所，逐水草而居，频繁迁徙，必须随时携带生产工具和生活用品，就要靠牲畜驮运和毡车运载，所以北方游牧民族向来以制车著称。车上有棚，是因为他们以车为家，可坐可卧，可以吃饭。高轮，一是因用大牲畜驾驶；二是在草原的雨季里，车与牲畜陷入泥沼，高轮车容易行驶，过河也不会沾湿

辽墓壁画中的骆驼驾车图

契丹贵族驼车出行图

车上物品。

奚车的形制如何？据沈括《熙宁使契丹图抄》记载，这种车的一个最大特点是“长毂广轮”。毂是指车轮的中心部位，周围与车辐的一端相接，中有圆孔，用以插车轴。奚车有两个大大的车轮，用骆驼牵引。车上边，用布或毡帐围成一个箱子形状，用来遮风保暖，就像后来的轿子。富人用毡帐，并绘有文饰。苏辙《赵君偶以微恙乘驼车而行戏赠二绝句》之二:“高屋宽箱虎豹裀，相逢燕市不相亲。忽闻中有京华语，惊喜开帘笑杀人。”(《栾城集》卷十六）头一句是说骆驼车像一个小屋或大箱子，里面铺着虎豹皮褥子。苏颂《奚山路中》诗有“青毡通幰贵人车”句，自注:“贵族之家，车屋通以青毡覆之。”(《苏魏公文集》卷十三）和沈括所说一致。

大量的考古发现，特别是辽墓壁画印证了文献记载，并使我们对奚车有了形象而具体的了解。如内蒙古翁牛特旗解放营子辽墓壁画的“毡车出行图”中，毡车长辕，广轮，车上有彩色车棚，棚缘有黄色的下垂幔帐，并坠有流苏。流苏，是用彩色羽毛或丝线等制成的穗状垂饰物，常饰于车、马、帷帐等物上。车棚用四根细木立于车辕之上。后棚较小，棚顶有朱红彩绘。车盖犹如轿顶形状，绘有彩云。车的前后设门，门的四框有朱红彩绘。毡车以白骆驼驾辕。库伦辽代壁画墓一号墓的“出行归来图”中，绘有一辆高轮大车，车上六根黄色柱子支架着庑殿式车棚。车棚之前，另以斜杆支撑凉棚，前高后低。车棚后，以小杆支架副棚，形如殿廊。车辕用三只脚的支架架起，上搭红色镶边彩绣。辕端雕有螭头（螭是传说中的无角龙，古代碑额、庭柱、殿阶及印章等，上面多雕以螭头的形象，称螭头、螭首），车棚挂有流苏。敖汉旗北三家辽代壁画墓三号墓壁画，绘有一辆高轮长辕骆驼车，辕头均饰有螭首，顶盖为庑殿式，幔帐为黑地白花，前后有棚，左右及前部挂绛色横格帘，两侧有流苏。

此外，还发现许多处辽代壁画中都有骆驼车，其主要特征为长辕、高轮、粗辐、木制，车上有棚，并有垂幔、流苏、彩绘。这些都与宋人沈括所记载的“长毂广轮”“文绣之饰”相符。

辽国的驿道与鹰路

辽国境内通道，有驿道、鹰路及捺钵线路。驿道，官私共用；鹰路和捺钵线路，则是旨在为皇家服务的道路。

驿道，是我国古代传车（驿站的专用车辆）、驿马通行的大道，沿途设置驿站、驿馆。早在春秋时期，已有为便利交通而设的驿站制度，历代沿袭下来。辽国境内，从北宋雄州（今河北雄安）至辽南京（今北京）以及辽五京之间都设有驿道、驿站。辽、宋和好时期，双方交往密切，时有使节往还，驿道就是他们必经之路。宋人路振、王曾、薛映、宋绶、沈括、陈襄等分别在他们的行程录中记录所经路径，为后人了解辽国驿道留下了可靠资料。根据宋人行程录的记载，可知辽国境内几条主要驿道是：

1．白沟——南京——中京——上京；

2．中京——神恩泊；

3．中京——木叶山；

4．中京——东京；

5．西京——幽州。

下面就来具体叙述这几条驿道。

辽张世卿壁画中的“出行图”（《宣化辽墓壁画》，文物出版社2001年版）

一　白沟——南京——中京——上京

这是贯穿辽国境内最重要的一条驿道。其中，又分白沟至中京段及中京至上京段。

白沟至中京段。

路振《乘轺录》载，所经驿站为：白沟—新城县—涿州（永宁馆）—良乡—幽州—孙侯馆—顺州—檀州—金钩驿—虎北口馆—新馆—卧如来馆—柳河馆—部落馆—牛山馆—鹿儿馆—铁浆馆—富谷馆—通天馆—中京大定府。

王曾《上契丹事》载，所经驿站为：白沟—新城县—涿州—良乡—幽州（燕京永平馆）—孙侯馆（后改望京馆）—顺州馆—檀州馆—金钩馆—古北口馆—新馆—卧如来馆—柳河馆—打造部落馆—牛山馆—鹿儿峡馆—铁匠馆—富谷馆—

通天馆—中京大定府（大同馆）。

两人所记，基本相同，仅有个别字音稍异。

中京至上京段。

据薛映记载：中京大定府—临都馆—官窑馆—松山馆—崇信馆—广宁馆—姚家砦馆—咸宁馆—保和馆—宣化馆—长泰馆—上京临潢府。

《武经总要·北蕃地理》与薛映记载略同，有个别字音稍异。

此外，陈襄《使辽语录》所载白沟至广宁馆段，与路振、王曾、薛映记载大体相同。自白沟至中京凡二十驿，也和路振《乘轺录》“自白沟至契丹凡二十驿”一致。

二　中京——神恩泊

陈襄《使辽语录》载：中京—临都馆—锅窑馆—松山馆—崇信馆—广宁馆—会星馆—咸熙馆—黑崖馆—三山馆—赤崖馆—柏石馆—中路馆—顿城馆—神恩泊。

三　中京——木叶山

宋绶《上契丹事》载：中京大定府—羖羝河馆—榆林馆—讷都乌馆—香山子馆—水泊馆—张司空馆—木叶馆。

四　中京——东京

《武经总要·北蕃地理》载：中京—建安馆—霸州—牛心山馆—宜州—

辽州—杨家砦—乾州—唐叶馆—独山馆—闾山馆—辽水馆—鹤柱馆—东京。

五　西京——幽州

《武经总要·北蕃地理》载，西京至幽州七百里。

驿站，是供传递文书、官员来往及运输等中途暂时休息、住宿的地方，也指旅店。

在驿道上，每个驿站之间大约为一日的路程，距离四十至八十里不等。接待外国使者的诸京驿馆，设备比较讲究，并有辽接伴使陪同。如路振《乘轺录》载，驿馆中的被褥清洁，器用完备，夜间照明用的蜡台、取暖用的火炉，都是用铜、铁铸造的。驿馆中有奚人“守馆者”专门负责经营管理。朝廷拨专款给守馆者，以维持驿馆所需。陈襄《使辽语录》，记录了他在驿馆备受辽接伴使或地方官员热情款待的情景。

宋人的使辽诗中，有许多以咏驿馆为题，描绘异地风物，抒发羁旅之思。虽然诗中不乏民族歧视和偏见，却也反映出宋人眼中的辽代社会。如陈襄《使还咸熙馆道中作》云:“土旷人稀使驿（又作“驿路”）赊，山中殊不类中华。白沙有路鸳鸯泊（契丹皇帝春捺钵之地），芳草无情妯娌花。毡馆夜灯眠汉节，石梁秋吹动胡笳。归来揽照看颜色，斗觉霜毛两鬓加。”（陈襄《古灵集》卷二十四）抒发归国途中的感慨。此行路途遥远，深感辽国地广人稀，风俗与中原不同。夜宿驿馆毡帐中，听到胡笳声声，有凄凉之感。归来后，两鬓增加了几丝白发。苏颂《过新馆罕见居人》云:“引弓风俗可伤嗟，满目清溪与白沙。封域虽长编户少，隔山才见两三家。”

（《苏魏公文集》卷十三）也是说契丹地广人稀，满目苍凉，并为那里的风俗而感伤叹息。

驿馆经常有宋朝使节过往，因此它也是辽、宋文化交流的场所。张舜民（字芸叟）使辽，住宿幽州馆中，见墙壁上题有苏轼（号东坡，字子瞻）《老人行》诗，并听说范阳书肆刻印东坡诗数十篇，称《大苏小集》，苏轼才名远播辽国。张舜民很有感慨，于是也在墙上题写两句："谁题佳句到幽都，逢着胡儿问大苏。"（见王辟之《渑水燕谈录》卷七）反映了宋文化在辽国的传播。

辽国的交通要道除驿道之外，还有鹰路与捺钵通道。

鹰路，是保证女真向契丹皇帝供纳名鹰"海东青"的通路，即从辽上京通往"五国部"的道路。五国部是辽、金时期的部族名，分布在今黑龙江依兰县至俄罗斯的哈巴罗夫斯克（伯力），依松花江而居。五部中的越里吉部所在的五国头城（今依兰喇嘛庙），就是金朝时宋徽、钦二宗被流放的地方。五国部东临大海，出产海东青。这种鹰小而俊健，能擒天鹅。契丹皇帝、贵族酷爱海东青，每年向女真索要，使女真人不胜其扰。辽中期以后，女真逐渐强大，五国部多次叛辽，反抗契丹的统治和压迫，致使鹰路不通，还常常拘杀辽国的捕鹰使者。每当鹰路受阻时，辽国皇帝便派人谴责女真：你们怎敢阻绝鹰路？如无他意，快派酋长过来。或者干脆命令女真首领惩治阻绝鹰路者。

捺钵线路，皇帝赴捺钵地时，要有内外臣僚及有关人员扈从，有较固定的地点和相应的路线，无疑更是辽国境内畅通无阻的要道。

金国的陆路交通

先谈畜力和车辆。

金国的陆路交通工具，主要依赖畜力和车辆。

金国畜力，有马、牛、羊、驼、骡、驴等，既可供人乘坐，又可用来驮运货物和牵引车辆。女真地区很早就以产名马著称，女真人则以善骑射闻名于世。《北风扬沙录》说，女真之地产“名马”，女真人“俗勇悍，耐饥渴苦辛，骑（马）上下崖如飞”（宛委山堂本《说郛》卷五十五）。除马匹外，牛、驼、骡、驴等，也是女真人的主要交通工具。金国的汉人及其他族人，平时出行也靠这些畜力（特别是马）作为代步和运输的工具。

金人的一些诗词，也反映出马、驴等是人们日常出行时（包括长途和短途）的主要工具。如蔡珪《霅川道中》：“扇底无残暑，西风日夕佳。云山藏客路，烟树记人家。小渡一声橹，断霞千点鸦。诗成鞍马上，不觉在天涯。”（《中州集》卷一）刘从益《再过郾城示伯玉知几》：“三年两度过溵阳，鞍马红尘道路长。”（《中州集》卷六）刘铎《渑池驿舍用苑极之郎中韵》：“惯从鞍马作生涯，宿处依依认是家。”（《中州集》

卷七）田特秀《宿万安寺》:“长途鞍马倦黄尘，喜见空岩万叠云。”（《中州集》卷八）诗人骑着马，行进在驿道上，有时还要在驿馆留宿。显见，长途旅行，主要依赖马匹。

驴也是文人和百姓常用的交通工具。赵沨《黄山道中》:“好景落谁诗句里，蹇驴驼我画图间。”（《中州集》卷四）刘从益《清明即事用前韵》有“何处蹇驴驮醉还”（《中州集》卷六）句。张瑴（伯玉）有诗云:“日日饮燕市，人人识张胡。西山晚来好，饮酒不下驴。”（《归潜志》卷二）

皇帝平时出行有车舆，但是在特殊情况下，如作战时，骑马比乘车舆会更方便。天兴三年（1234），宋、蒙联军围攻蔡州，金王朝大势已去，哀宗连忙召集百官，传位于东面元帅完颜承麟。哀宗说：我传位给你，也是不得已。我身肥体重，“不便鞍马驰突”，而你平日矫健有谋略，万一得免，可保国祚不绝（见《金史·哀宗本纪下》）。可知皇帝在紧急

金人骑马形饰件（黑龙江阿城出土）

情况下，也是靠骑马出行。

金人不仅在境内郊游和远行主要靠骑马、骑驴，就是出使邻国也是如此。李遹《使高丽》诗云："去国五千里，马头犹向东。"（《中州集》卷五）元明之际的诗人李祁《题金人出塞图》诗云："忆昔从北征，驱车出幽蓟。天时大雨雪，道远恐遂泥。牛马俱阻寒，驴骡缩如猬。所见人物殊，适与此图类。"（《元诗选初集》卷四十九）诗人从征幽、蓟（今北京、天津一带）所见，恰与金人出塞图中描绘的景象十分相近。出塞图与咏出塞图诗都反映了金元时期北方以牛、马、骡、驴等为主要运输工具的实况。

女真从抗辽建国到灭辽克宋的战争中，骑兵具有十分重要的地位，可以说起了决定性的作用。每当作战之前，朝廷征调马匹便成为不可缺少的备战措施。天会三年（1125）七月，为了攻宋，金太宗发布诏令，征调南京官僚富豪之家的牧马，分配给诸军。在海陵王决意南侵后，更是大肆括马。正隆四年（1159）八月，下诏征调诸路马匹，按户等摊派，共调五十六万余匹，富室竟有一家征六十匹者，并仍令各家饲养，以备调用。金、宋交战后，正隆六年七月，下令大括天下马，以补充战争中所需马匹的不足。卫绍王以后，也多次括马。哀宗天兴二年（1233）十二月二十四日，竟杀马分犒将士，表明金王朝已走到了尽头。

为了保证平日与战时所需马匹（包括作为交通运输工具及食用）的来源，金朝设置专门机构、官员，掌理马政。金初，因袭辽制，设置"群牧"。天德间，置五个群牧所，各设官员进行管理。又选各阶层家中壮丁多者及品官、猛安谋克等家中多余壮丁、奴隶等，让他们牧放马、驼、牛、羊，称为“群子”，并制定了奖罚办法。世宗时，设置七个群牧所。大定二十年（1180）三月，制定群牧官、群牧人等奖罚条令，加速了马驼牛羊的蕃息。二十八年，金国已储备马四十七万，牛十三万，羊八十七万，驼四千（见《金史·兵志》）。此后，章宗明昌及宣宗兴定年间，又陆续颁布了有关奖励养马及括马的规定。从朝廷对马政的重视，也可见马匹在平日及战时的重要作用。

车辆是和畜力同等重要的交通运输工具。

《神麓记》说：随阔（绥可）擅长骑马射猎，教人烧炭炼铁，“刳木为器，制造舟车”（《三朝北盟会编》政宣上帙十八）。说明女真人早在绥可时代已会制造舟车。《金史·世纪》载，世祖劾里钵在同敌部作战时，对方死者无数，血流成河，抛弃“车甲、马牛”及其他军器辎重，尽被劾里钵缴获。表明当时车辆已用于战事。

车辆多以马、牛、驼、骡、驴等牵引。刘迎《车辘辘》诗云：“马虺隤，牛觳觫，山行萦纡车辘辘。”（《中州集》卷三）辘辘，是形容车轮转动声。大意说：老马疲惫有病，牛也恐惧战栗。山路弯弯曲曲，传来车轮声声。《败车行》云：“前车行，后车逐，车声夜随山诘曲。前车失手落高崖，车轮直下声如雷。同行急救救不得，人牛翻压鸣哀声。我时潜闻后车说，前车使牛何太拙。”（同上）描绘了老牛破车艰难地行驶在山路上，并造成翻车的惨剧。

金国车辆除主要用畜力牵引外，还有人力手推车。如蔡珪《燕山道中》有“独轮车重汗如浆，蒲秸芒鞋亦贩商”（《中州集》卷一），描写了燕山道中的独轮手推车。

由于马、牛、驴、驼等畜力及用它们牵引的车辆，在金人日常生活及战争中具有的重要作用，金朝统治者常常把畜力和车辆用来奖赏功臣。如大兴国在随从完颜亮发动宫廷政变中有功，完颜亮即位后，除给大兴国加官晋级外，还赐黄金四百两、银一千两及良马四匹、驼车一乘、橐驼三头等（见《金史·逆臣列传》）。

再谈车舆制度。

同历代王朝一样，金朝对上自天子、皇后、妃嫔、太子、百官，下及庶民百姓的车舆均有明确规定，各有等差，不得僭越，“所以别上下，明等威也”（《金史·舆服志上》）。

金初，在对辽、宋的战争中，掳获大批辽、宋仪物，逐渐有了本朝车辂之制。天眷三年（1140），熙宗巡幸燕京，开始用特制的天子车驾。到世宗时，正式制定车舆制度。大定十一年（1171），世宗到中都南郊祭祀，命太常寺按宋南

元《大驾卤簿图》中的马车仪仗（此图描绘的应是宋代卤簿仪仗）

郊礼安排卤簿（古代帝王驾出时扈从的仪仗队）。卤簿当用玉辂、金辂、象辂、革辂、木辂、耕根车、明远车、指南车、记里鼓车、崇德车、皮轩车、进贤车、黄钺车、白鹭车、鸾旗车、豹尾车、轺车、羊车各一，革车五，属车十二，然而当时并未能筹备齐全。皇后之车有六，分别称为重翟车、厌翟车、翟车、安车、四望车、金根车。其他如妃嫔、皇太子、公主以下百官的车，也各有定制。对车的数量、形制、质料、颜色、装饰等，均有具体规定。庶人的马鞍许用黑漆，以骨、角、铁为饰，不得用玉及金、银、犀、象装饰辔鞍。

考古工作者在许多地方发现了金代车马具。在黑龙江肇东八里城、绥滨等地出土的金代车马具，包括银、铜饰马鞍、铁马镫、马衔、烙马火印以及铁车辖（车轴两端的键，即销钉）等，其中有的明显表现出受到中原地区车马具的影响。

天下雄胜卢沟桥

桥梁是渡水的交通设施，在陆路交通中有畜力和车辆不可替代的作用。古代桥梁有浮桥、木桥和石桥等。

浮桥，是以船、筏做成的临时性桥梁，我国劳动人民很早就会搭造浮桥，《诗经·大雅》中即有“造舟为梁”的诗句。金人常常将三四条船并在一起，作为浮桥，供车辆或人、畜渡河。浮桥可以随时搭造或拆除，机动灵活，在战争中起着重要的作用。兀术（完颜宗弼）在对宋作战中，屡屡“作筏系桥”或“造舟为梁”（见《大金国志》卷十一、《建炎以来系年要录》卷一百四十二）。海陵王南侵时，金兵也大肆伐木造船，搭设浮桥。正隆四年（1159），南宋归朝官李宗闵上书说：臣听说近来金人在岐、雍间伐木，“以造浮梁”（见《建炎以来系

金卢沟桥石狮（北京）

年要录》卷一百八十一）。六年，海陵王渡淮之前，以尚书右丞相李通为大都督，将军粘安阿术虎为副都督，先造浮桥于淮水之上。

固定的木桥，则是平时人、畜、车辆渡河的重要工具。在当时，金人架设木桥的技术已相当高超。如陕西路兵马使张中彦，就是一位有名的造桥能手。海陵王在营建汴京新宫时，张中彦负责采、运关中木材。青峰山巨木虽多，但高深阻隔，无法运出来，据说唐、宋以来都未能解决这个问题。而张中彦在山崖沟壑上，架起“长桥十数里，以车运木，若行平地”，开通六盘山、水洛之路，直通汴梁（《金史·张中彦传》）。

金代石桥建筑技术更是高超，名扬中外。《济源县创建石桥记》载，河南怀宁府济源县，于大定十七年（1177）十月到二十年三月间建成一座石桥，从此，“居民行旅无往来限阻之叹”（《金文最》卷七十二）。《磁州石桥记》载，磁州是当时的交通要冲，每当雨季来临，交通不便。最初由一和尚发起修筑石桥，先后用石、工以亿计，历经四十年修成此桥。石桥结构致密，雄伟壮观（《闲闲老人滏水文集》卷十三）。

当然，金代石桥建筑的杰作，应属卢沟桥。

卢沟桥横跨卢沟河（今永定河）上，这里历来是重要渡口，在石桥修建之前，曾有浮桥、木桥。金初，宋许亢宗《宣和乙巳奉使金国行程录》记载，（宣和七年，金天会三年，1125）他出使金国时，见到卢沟河的水流湍急，燕人常置小桥渡河，近年又设浮桥。

大定二十八年（1188）五月，世宗以卢沟河是行旅往来的要津，诏建石桥。几个月后，世宗病故。大定二十九年

卢沟桥

六月，章宗因卢沟河流湍急，诏命造舟，并更命建石桥。明昌三年（1192）三月，石桥建成，敕名广利桥。卢沟桥的建成，极大地方便了金中都通往外地的交通。卢沟桥除了便利交通之外，还具有观赏价值，“卢沟晓月”被金章宗命为“燕山八景”之一。清乾隆皇帝改“燕山八景”为“燕京八景”，并亲自题写“卢沟晓月”石碑，至今仍矗立在卢沟桥头。

关于卢沟桥的情况，曾在元朝任职的意大利人马可·波罗在其行纪中说：

> 自从汗八里城（元大都皇城，今北京）发足以后，骑行十哩，抵一极大河流，名称普里桑干，此河流入海洋。商人利用河流运输商货者甚夥。河上有一美丽石桥，各处桥梁之美鲜有及之者。桥长三百步，宽逾八步，十

骑可并行于上。下有桥拱二十四，桥脚二十四，建置甚佳，纯用极美之大理石为之。桥两旁皆有大理石栏，又有柱，狮腰承之。柱顶别有一狮。此种石狮巨丽，雕刻甚精。每隔一步有一石柱，其状皆同。两柱之间，建灰色大理石柱，俾行人不致落水。桥两面皆如此，颇壮观也。

（冯承钧译《马可波罗行纪》第261页，
上海书店出版社2001年版）

当年马可·波罗所见的石桥，与现在卢沟桥的形状大体相符。《马可波罗行纪》中所载桥长三百步、宽八步，与实测长二百六十米、宽七点五米接近。其余栏杆、石狮的形状也很相似。只是桥拱数目不尽一致，可能是因后来追记或

“卢沟晓月”碑

由其他原因致误。卢沟桥建成之后，经历代修缮，至今保存完好。现今桥的整个形制、桥的下部基础和桥身部分构件与雕刻，仍为金代原物；桥拱、桥面和部分雕刻则为历代所修理补配。1975年，有关部门在卢沟桥上进行载重科学试验，最后通过四百九十二吨大型平板车，运行良好，充分显示了我国古代劳动人民在石桥建筑方面所表现出的智慧和创造力。

舟楫与漕运

先说舟楫。

金国地域辽阔，内有江河湖泊，东边濒临大海，船舰是内河和近海的运输工具。

女真在建国前后，就已知道用舟楫渡河。

《神麓记》载，绥可时代即能制造舟车。(《三朝北盟会编》政宣上帙十八)。金朝初年，出使金国的宋人洪皓在《松漠纪闻》卷下记载：女真风俗，刳木为舟，长约八尺，形状如织布机的梭子，称梭船，多用来渡河、捕鱼。还可以把三四条船并在一起，形成浮桥，用来渡车。后来，悟室（完颜希尹）利用入金的宋人，开始造船，犹如中原的运粮船，金人多用这种船往来于上京和五国头城之间，运载鱼类。

收国元年（1115）八月，阿骨打攻打黄龙府，行至混同江，没有船只，遂派一人在前，乘赭白马过河，说："看我的马鞭所指方向前走。"诸军随后，水深到马腹。又使摆渡的舟人探测渡处，却深不见底（《金史·太祖本纪》)。此说虽近于神话，但可以说明当时已有舟楫，并且应用于战事。太宗时，金国的舟师已初具规模。天会间，叛乱者占据山谷，地势险阻，林木深密，官府骑兵不得施展。太宗至混同江，命人找来舟楫过江。一边令官兵占据高山，连木为栅，多张旗帜，以示长久之计；一边暗中以舟师浮江而下，直捣其营，遂大败叛军（《金史·完颜晏传》）。

为了适应南侵的需要，金朝统治者重视造船业的发展。天会十三年（1135），刘豫曾献海道图和战船本样，熙宗用刘豫建议，令人在蔚州采伐树木，准备制造战舰，后因故中辍。海陵王时，造船业有了明显的发展。正隆四年（1159），海陵王为了伐宋，开始造战船于通州。五年，东海县民张旺、徐元等起义，海陵王遣都水监徐文等，率舟师九百，浮海讨伐，并说："朕意不在一邑，将试舟师耳。"次年，又征诸道水手运战船（《金史·海陵本纪》）。在攻宋战争中，海陵王曾令曹望之运米八十万斛，由蔡水入淮，支援前线诸军，并规定在一日到达。曹望之如期运到（《金史·曹望之传》）。由此可见，当时的水路运输能力已相当可观。在金、宋交战中，金将苏保衡曾率舟师泛海，直趋临安（今浙江杭州），与南宋守浙江副总管李宝相遇，李宝命以火箭射之，烧毁金军船只数百艘，金兵临阵投降者三千人（《建炎以来系年要录》卷一百九十三）。这一战况，也说明金国所造的近海船，已具有一定的数量和规模。

金国造船业的发展，还表现在他们能因地制宜，造出破冰船。金国地处北方，江河冰封期长，金人发明了破冰船，可破冰而行。蔡珪《撞冰行》诗云：

> 船头傅铁横长锥，十十五五张黄旗。
> 百夫袖手略无用，舟过理棹徐徐归。

吴侬笑向吾曹说，昔岁江行苦风雪。
扬锤启路夜撞冰，手皮半逐冰皮裂。
今年穷腊波溶溶，安流东下闲篙工。
江东贾客借余润，贞元使者如春风。

（《中州集》卷一）

从诗中可知，这种破冰船是在船头装置铁锥，破冰而行，这样无论是贾客经商，还是官员出行的船只，都可在冰河上行驶而不受阻隔了。

再说漕运。

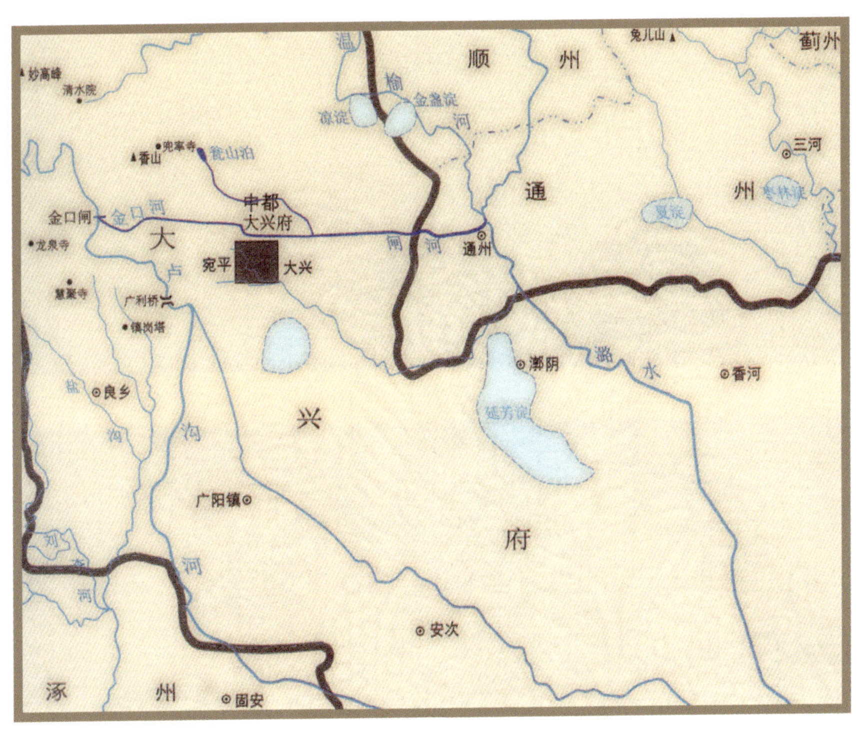

金中都漕运示意图

我国古代从水路运输粮、盐，供应京城或军需，称为漕运。

金朝从上京迁往中都后，为了保证平时各地粮、盐等生活必需品的调运，承袭古代漕运制度，将诸内河沟通起来，并在诸路滨河城镇设置仓库。漕运在春、秋两季进行，每年春运从江河解冻起，到暑天雨季止；秋运从农历八月起，到结冰止。按规定付给纲户运费。由于漕河所经之地的州县官以为与己无利，往往生出许多弊端。章宗泰和六年（1206），规定凡漕河所经之地，州府县官衔内分别带“提控漕河事”或“管勾漕河事”，分管纲运，维护堤岸，这一措施有利于水陆漕运的畅通。

驿道·驿馆·游幸通道

一 驿道

金朝同历代一样，驿道在境内交通中发挥重要的作用。特别是在金与宋、高丽、西夏和好时，每逢正旦、君主生辰等，双方都要互派使节祝贺，驿道就是必经之路。通过宋人的一些行程录，可以使我们了解从宋、金边界至金上京、中都的路径。

（一）白沟至上京（括号中的数字，为该驿站至下站的里程）

《宣和乙巳奉使金国行程录》，记载了金初从辽、宋旧界白沟至金上京附近所经驿站：

1. 雄州（六十里）2. 新城（六十里）3. 涿州（六十里）4. 良乡（六十里）5. 燕山府（八十里）6. 潞县（七十里）7. 三河（六十里）8. 蓟州（七十里）9. 玉田（九十里）10. 韩城镇（五十里）11. 清州（九十里）12. 滦州（四十里）13. 望都（六十里）14. 营州（一百里）15. 润州（八十里）16. 迁州（九十里）17. 来州（九十里）18. 习

州（八十里）19.海云寺（一百里）20.红花务（九十里）21.锦州（八十里）22.刘家庄（一百里）23.显州（九十里）24.兔儿涡（六十里）25.梁鱼务（一百零三里）26.没咄［孛堇］寨（八十里）27.沈州（七十里）28.兴州（九十里）29.咸州（四十里）30.肃州（五十里）31.同州（三十里） 32.信州（九十里）33.蒲里孛堇寨（四十里）34.黄龙府（六十里） 35.托撤孛堇寨（九十里）36.漫七离孛堇寨（一百里）37.和里间寨（九十里）38.句孤孛堇寨（七十里）39.达河寨（四十里）40.蒲挞寨（五十里）41.上京驿馆。

（二）泗州（治今江苏盱眙）至金中都（今北京）

楼钥《北行日录》、范成大《揽辔录》、周煇《北辕录》等，记载了从盱眙渡淮，由泗州入金界至中都的路线及沿途见闻。

楼钥《北行日录》所载路线：

1.泗州 2.临淮 3.青隅镇 4.虹县 5.灵璧 6.静安镇 7.宿州 8.蕲泽镇 9.柳子镇 10.永城 11.会亭镇 12.谷熟 13.南京（归德府）14.宁陵 15.雍丘 16.陈留 17.东京（开封）18.浚州 19.汤阴 20.相州 21.邯郸 22.沙河 23.内丘 24.柏乡 25.赵州 26.栾城 27.真定 28.新乐 29.中山 30.望都 31.安肃军 32.定兴 33.涿州 34.良乡 35.燕山城

此外，洪皓《松漠纪闻》、张棣《金虏图经》、赵彦卫《云麓漫钞》、范成大《揽辔录》、周煇《北辕录》等，也分别记载了从宋、金边界到上京的地里驿程。

二　驿馆

驿馆除了为政府官员往来公干、传递文书提供食宿之外，还是招待过路外使的场所。据《宣和乙巳奉使金国行程录》载，宋使许亢宗一行为贺金太宗即位，出使金国，在诸驿馆受到热情款待。当他们临近咸州时，有州守出迎、设宴，席间有歌舞演出。然后迎至驿馆。这时馆外有老幼夹观，并挤满道路。次日，有伴使问候，置酒，设宴。这些伴使大都通晓汉语，兼作译员和接待。当然，金初诸事尚在草创时期，虽然接待热情，但设备简单。

至中晚期，金朝的驿馆较初期有了很大改观，接待依然热情周到。楼钥到燕山（中都）城外燕宾馆，受到许多高级官员的宴请后才入城。范成大去中都亦住燕宾馆，他以《燕宾馆》为题赋诗云："九日朝天种落欢，也将佳节劝杯盘。苦寒不似东篱下，雪满西山把菊看。"（《范石湖集》卷十二）诗注说他在燕宾馆正值重阳节，在这里看到了西山的白雪。

至于一般官员或羁旅之人所住的驿舍，则不能同接待外使的驿馆相比，其设备很简陋。刘铎的一首咏渑池驿舍诗云：

惯从鞍马作生涯，宿处依依认是家。
炉火相看衣袖暖，盘餐未办驿厨哗。
淹留岁月头如雪，汩没风尘眼更花。
永夜如何得消遣，新诗吟罢自煎茶。
（《渑池驿舍用苑极之郎中韵》，《中州集》卷七）

赵鼎在来同馆的遭遇就更差了，有诗云：

渭北洮南过却春，穷边冰雪更愁人。
来同驿里题诗处，破屋青灯一病身。

（《宿来同堡》，《中州集》卷八）

三 皇帝游幸通道

金朝皇帝承辽代的捺钵制度，一年四季到气候适宜的地方行猎和避暑、消寒，这就是所谓的“春水秋山，冬夏剌钵”（《大金国志》卷十一）。金朝迁都燕京之后，海陵王、世宗、章宗、卫绍王等，每年都要外出行猎和避暑，“春水”以去滦州的石城长春宫为多，还有安州、顺州和蓟州的玉田等地；夏、秋多去金莲川。皇帝所经州县的道路，需要花费许多人力物力进行修筑，以保证其畅通无阻。大定二十三年（1183）正月，世宗去春水地，诏夹道三十里内修筑驿道之民等，免征当年租税，并给工钱。梁襄在谏世宗幸金莲川疏中说：皇上幸金莲川，每年要有上百万人困于此事，实在是劳民伤财（《金史·梁襄传》）。赵秉文《扈从行》诗云：“马翻翻，车辘辘，尘土难分真面目。年年扈从春水行，裁染春山波漾绿……”（《闲闲老人滏水文集》卷三）生动地描绘出了皇帝春山秋水时，扈从队伍行进在游幸路上的热闹场面。为皇帝四时游幸而修筑道路，在客观上方便了那里的陆路交通。

西夏人的行旅

西夏出产的马、牛、骡、驴、骆驼等，都是供人骑乘、驮运货物及牵引车辆的主要陆路交通工具。尤其是马匹，在日常生活与战时发挥的作用更大。

宋神宗元丰五年（1082），宋军在河东府永乐镇屯兵，筑银川寨，以抵御西夏的侵扰。宋军指挥官无视下属的劝告，未能抓住时机挫败西夏军的前进，致使西夏铁骑铺天盖地而来，顺利渡过无定河，宋军惨败。有史料称，西夏骑兵号“铁鹞子”，过河得平地，其锋不可当（《宋会要辑稿》兵八）。既说明西夏骑兵敏捷矫健，具有顽强的战斗力，又反映马匹是陆路交通及渡浅水的重要交通工具。

车辆是陆路交通的另一种工具，以马、牛、骡、驴、骆驼等牵引。在车辆中，西夏有许多北方游牧民族共有的“高车”。宋元符元年（西夏永安元年，1098）十月，西夏攻宋泾原路平夏城，崇宗与其母率兵数十万围平夏城，凡十四日，西夏军造“高车”，载数百人，填平护城壕沟，逼近平夏城，给宋城造成极大威胁，终因宋军的奋力抵抗而未能攻破（见《续资治通鉴长编》卷五百零三）。

西夏“驭马图”（甘肃武威博物馆藏）

正是由于马、牛、羊、骆驼等牲畜在日常经济生活及征战中的重要地位，西夏非常重视对畜牧业的管理。西夏法典《天盛改旧新定律令》二十卷，卷下设门，门下设条，其中涉及畜牧的内容达十四门之多。卷二“盗杀牛骆驼马门”规定，盗杀牛、骆驼、马治罪，即使是自家的牛、骆驼、马，也不得任意屠杀，否则要处以重罚。凡杀牛、骆驼、马，不论大小，杀一头徒（罚服劳役）四年，杀二头徒五年，杀三头以上徒六年。如果杀他人的，处罚更重，甚至连吃肉者，也要处罚。杀骡、驴也要治罪，不过较杀牛、骆驼为轻，可见骡、驴在经济生活和征战中的重要性不如牛、骆驼。

西夏水路交通工具，有桥梁、舟船、皮筏等。

浮桥，是古老的渡水设施，特别是在战时，浮桥搭撤方便，功用更大。宋哲宗元符二年（西夏崇宗永安二年，1099），宋熙河兰会路经略使孙路奏议称，兰州之西喀罗川口（宋、夏交界）古有浮桥旧基，自喀罗川口北四十里至该朱城，那一带有古城十余座，是汉武帝断匈奴右臂的遗迹。请示喀罗川口复修浮桥，于桥北置城，以隔绝吐蕃、西夏往来通道（见《续资治通鉴长编》卷五百零五）。可见那里自古就有利用浮桥济水的传统。

桥梁。黑水河桥（在今甘肃张掖）是传世文献中有明确记载的桥梁。据西夏乾祐七年（1176）的建桥敕碑载：黑水河年年暴涨，漂荡人畜，贤觉圣光菩萨（有人考证是贤觉帝师）兴建此桥，以免渡河之患。此桥建成之后，水患顿息（《黑水建桥敕碑》，《陇右金石录》卷四）。

西夏水路交通工具有木筏及浑脱（即皮囊），而后者尤具地方特色。

西夏“舞乐图”

据《汉语大词典》，浑脱一词有多种含义。一、原指北方民族中流行的用整张剥下的动物的皮制成的革囊或皮袋。可用作渡河的浮囊，也可作为盛放水浆饮料的容器。二、指制法和形状类似这种皮囊的东西，如“人浑脱”等。三、指用小动物的整张皮革制成的囊形帽子，或形状类似的仿制品。四、戴浑脱帽的人所表演的一种舞蹈或其组成的舞队。这里是指第一种含义，即用来渡河的革囊。

唐、宋、元史料中，多有西北（包括西夏）、西南地区使用浑脱渡河的记载。如，《旧唐书·南蛮西南蛮列传·东女国传》载，其国王所居，名康延川，中有弱水向南流，用牛皮为船渡河。《宋史·外国列传六·高昌传》载，太平兴国六年（981），宋太宗派遣王延德等出使高昌。雍熙元年（984）王延德等归来，在他的行程录中说，自夏州（治今内蒙古乌审旗南），经玉亭镇、黄羊平、都啰啰族等，汉人使者路过时付给财货，作为留住馆舍的食宿费用，称作“打当”。在临近黄河时，“以羊皮为囊，吹气实之浮于水，或以橐驼牵木筏而渡”。元丰四年（1081），宋军大举攻夏，种谔请求调拨用作渡河架桥、制作筏子的木料，神宗诏曰：凡出兵进入敌境，“军中自有过索（渡河用的绳索）、浑脱之类”，没听说千里运送木料随军的（见《续资治通鉴长编》卷三百一十六）。可见浑脱在当地作战中的作用之大。宋人刘攽有诗云：“李某崆峒人，生长西北蕃。”“泳河不用舟，羊革随轻轩”（《彭城集》卷三《读李某诗》）。即指用皮囊（羊革）或高轮车（轻轩）渡河。

浑脱在后来也一直是我国西北、西南地区重要的水上交通工具。如，《元史·石抹按只传》载，蒙古将领石抹按只攻

航船模型

宋，遇到宋军守将抵抗，不得过江。按只聚军中牛皮，做浑脱及皮船，乘之与宋军作战。《明史·唐龙传》载，明嘉靖间，陕西饥荒，加之受一个蒙古亲王侵扰，延、绥告急。朝廷命唐龙为兵部尚书，赈济陕西饥荒。那个蒙古亲王正居河套中，游牧于西至贺兰山一带，因黄河阻隔，无法渡过。用牛皮为浑脱，才渡入山后。

西北地区人们用皮囊渡河的风俗一直保留到现代。20世纪30年代，著名历史学家顾颉刚曾到甘肃、青海、宁夏考察，亲历当地人以皮囊渡河的情景，并撰写《吹牛、拍马》一文，对此有详细而生动的描述：

彼地（指甘肃、青海）大川不少，然水急滩险，不可行船。以牧畜业之发达，牛、羊皮不可胜用，喜其轻而固，浮而不沉，因制之成袋子，又连结而为筏子，为济川之利器。筏之最小者五羊皮，四端四袋，中间一袋，以细木条联系之。其大者则骈接数筏至数十筏为一，牛皮袋以十、百数，载重数千至数万斤，凡西北货物循黄河运至包头以登东行火车者莫不赖是。

将下水时，舟人就各个羊皮袋子之孔口尽力吹之，气既饱满，紧缚其口使不泄，遂得纵横洪涛，过滩不阻，虽随波上下，衣物水浸浪拍，初登者神惊心荡，而终不至遭灭顶之凶。昔有外籍人士游于皋兰，乘筏东行，黄流汹涌，惧将倾覆，遽跳上河中一石；而筏去如矢，更难相迓。渠立石上久，既不能凌波达岸，欲乘别筏，频频招手，而凡经其旁者皆不得在急流中暂停，无术救援，竟死于是。至今舟人犹纪念其地，名之曰“洋人招手”。乘筏而不知筏之为用，此所以丧其生也。

至牛皮袋则所需气量甚弘，非口所能吹。吹之之术，取山羊皮袋一，一端系以铁筒，塞筒入牛皮袋之口，而张其另一端，两手扇动之，气既积满，便力压入牛皮袋；如是继续为之至十余度，则大袋鼓起矣。此山羊皮袋俗称“火皮袋”，本在旅途作食时用以代风箱者。

惟筏之为物，但可顺流而下，不可逆流而上。故谚云：“下水，人乘筏；上水，筏乘人。”谓筏载客或货至下游卸去后，舟子乃泄去其袋中之气，负之于背而陆行以归也。……

皋兰城北黄河两岸经营此种生计者至多，弥望皆牛羊皮筏也。故彼地人不耐人夸口时，便曰："请你到黄河边上去罢！"谓吹牛皮也。

（顾颉刚《史林杂识初编》第131—134页，中华书局2005年版）

通过顾颉刚的记述，可使我们对浑脱有更进一步的了解。

后记

本书是应中华书局之约而撰写的。其中辽、金部分，笔者以往有一些积累和研究，作起来不难。至于西夏部分，因为所占篇幅不多，责任编辑要我也一并承担下来。在治辽、金史时，对西夏虽有涉及，但毕竟未曾全面系统翻检相关史料，要想在很短时间里较全面地掌握西夏史料，无疑是困难的。所幸赖有韩荫晟编《党项与西夏资料汇编》，凡四百五十万字，始于隋初，终于元末，基本上囊括了有关党项与西夏的汉文历史文献。浏览一过，对党项与西夏的汉文史料有了基本的了解。加之有吴天墀著《西夏史稿》、史金波著《中国风俗通史·西夏卷》、白滨著《党项史研究》等专著，以及经过多位学者整理的西夏文文献《文海》《番汉合时掌中珠》《天盛改旧新定律令》等，并且借重一些文物考古资料，才得以勉强完成这部分的撰写。

书中图片，采自辽、金、西夏史学者和文博部门编辑出版的图录和文物考古期刊。主要有中国历史博物馆、内蒙古自治区文化厅编《契丹王朝》，梅宁华主编《北京辽金史迹图志》《金中都遗珍》，内蒙古自治区文物考古研究所等编《辽陈国公主墓》，河北省文物研究所编《宣化辽墓壁画》，王健群、陈相伟著《库伦辽代壁画墓》，赵评春、赵鲜姬著《金代丝织品艺术》，中国国家博物馆、宁夏回族自治区文化厅编《大夏寻踪》，等等。

在此，谨向以上诸位作者、朋友一并致以谢忱。

作者谨识

2007年2月22日

参考文献

文物编辑委员会编《文物考古工作三十年（1949—1979）》，文物出版社1979年版。

文物编辑委员会编《文物考古工作十年（1979—1989）》，文物出版社1991年版。

中国硅酸盐学会编《中国陶瓷史》，文物出版社1982年版。

史金波、白滨、黄振华《文海研究》，中国社会科学出版社，1983年版。

韩荫晟《党项与西夏资料汇编》，宁夏人民出版社1983年版。

中国社会科学院考古研究所编《新中国的考古发现和研究》，文物出版社1984年版。

白滨编《西夏史论文集》，宁夏人民出版社1984年版。

白滨《党项史研究》，吉林教育出版社 1989年版。

乌盟文物工作站、内蒙古文物工作队编《契丹女尸》，内蒙古人民出版社1985年版。

陈炳应《西夏文物研究》，宁夏人民出版社1985年版。

侯仁之主编《北京历史地图集》，北京出版社1988年版。

王健群、陈相伟《库伦辽代壁画墓》。文物出版社1989年版。

谭英杰等《黑龙江区域考古学》，中国社会科学出版社1991年版。
陈述主编《辽金史论集》第五辑，文津出版社1991年版。
景爱《金上京》，三联书店1991年版。
内蒙古自治区文物考古研究所等编《辽陈国公主墓》，文物出版社1993年版。
鲍海春等主编《金源文物图集》，哈尔滨出版社2001年版。
河北省文物研究所编《宣化辽墓壁画》，文物出版社2001年版。
赵评春、赵鲜姬《金代丝织品艺术》，科学出版社2001年版。
宋德金、史金波《中国风俗通史·辽金西夏卷》上海文艺出版社2001 年版。
中国历史博物馆、内蒙古自治区文化厅编《契丹王朝》，中国藏学出版社2002年版。
北京市文物局编《北京辽金史迹图志》，北京燕山出版社2003年版。
北京市文物局编《金中都遗珍》，北京燕山出版社2003年版。
中国国家博物馆、宁夏回族自治区文化厅编《大夏寻踪》，中国社会科学出版社2004年版。
吴天墀《西夏史稿》，商务印书馆2010年版。
李文信《辽瓷简述》，《文物参考资料》1958年第2期。
冯永谦《辽宁建平、新民的三座辽墓》，《考古》1960年第2期。
李逸友《辽中京城址发掘的主要收获》，《文物》1961年第9期。
李逸友《左衽小考——关于契丹、女真、蒙古族的左衽》，

《内蒙古文物考古》1982年第2期。

李逸友《契丹的髡发习俗》,《文物》1983年第9期。

罗哲文等《略谈卢沟桥的历史与建筑》,《文物》1975年第10期。

项春松《辽宁昭乌达地区发现的辽墓绘画资料》,《文物》1979年第6期。

项春松《解放营子辽壁画墓发掘报告》,《松州学刊》1987年第4—5期。

项春松《克什克腾旗二八地一、二号辽墓》,《内蒙古文物考古》第3期。

靳枫毅《辽宁朝阳　前窗户村辽墓》,《文物》1980年第12期。

邵国田《内蒙古昭乌达盟敖汉旗北三家辽墓》,《考古》1984年第11期。

刘冰《辽代契丹族髡发管窥》,《昭乌达蒙族师专学报》1992年“北方民族文化”增刊。

史金波《西夏汉文本〈杂字〉初探》,《中国民族史研究（二）》,中央民族大学出版社1989年版。